레오 14세 교황의 생각

STEFAN VON KEMPIS
PAPST LEO XIV.
Wer er ist – wie er denkt – was ihn und uns erwartet

© 2025 Patmos Verlag. Verlagsgruppe Patmos in der Schwabenverlag AG, Ostfildern
All rights reserved.

Translated by HU Kwang Chul · CHA Yoon Seok · KIM Hyejin
Korean translation copyright © 2025 by Benedict Press, Waegwan, Korea.

Korean translation rights arranged with Patmos Verlag. Verlagsgruppe Patmos in der Schwabenverlag AG, Ostfildern, Germany.

레오 14세 교황의 생각
우리는 그에게 무엇을 희망하는가?

2025년 9월 18일 교회 인가
2025년 9월 25일 초판 1쇄

지은이	슈테판 폰 켐피스
옮긴이	허광철 · 차윤석 · 김혜진
펴낸이	박현동
펴낸곳	성 베네딕도회 왜관수도원 ⓒ 분도출판사
찍은곳	분도인쇄소
등록	1962년 5월 7일 라15호
주소	04606 서울 중구 장충단로 188 분도빌딩(분도출판사 편집부)
	39889 경북 칠곡군 왜관읍 관문로 61(분도인쇄소)
전화	02-2266-3605(분도출판사) · 054-970-2400(분도인쇄소)
팩스	02-2271-3605(분도출판사) · 054-971-0179(분도인쇄소)
홈페이지	www.bundobook.co.kr
ISBN	978-89-419-2514-9 03230

이 책의 한국어판 저작권은 Patmos Verlag와 독점 계약한 분도출판사에 있습니다.
저작권법에 의해 한국 내에서 보호를 받는 저작물이므로 무단 전재와 무단 복제를 금합니다.

이 책의 본문 종이는 FSC® 인증을 받은 친환경 용지를 사용했습니다.

레오 14세
교황의 생각

슈테판 폰 켐피스 지음
허광철 · 차윤석 · 김혜진 옮김

우리는 그에게 무엇을 희망하는가?

분도출판사

| 차례 |

1
"우리에게는 교황이 있습니다"
발코니에 등장한 레오 교황　　　　　　7

2
반트럼프?
최초의 미국인 교황　　　　　　25

3
제대가 된 다리미판
롭이 아우구스티노를 만나다　　　　　　43

4
고무장화를 신고 말을 타며
선교사 로버트 프레보스트　　　　　　59

5
프란치스코 교황의 마지막 강복
미완의 교황직　　　　　　85

6
"우리가 왕을 선출하는 게 아닙니다"
수수께끼투성이 콘클라베　　　　　　　103

7
주목의 대상
새로운 교황직의 첫걸음　　　　　　　119

8
교황은 결국 가톨릭 신자
윤곽이 드러나다　　　　　　　　　　137

9
산적한 과제
새 교황을 기다리고 있는 것　　　　　153

레오 14세 약력　　　　　　　　　　　175
사진 저작권　　　　　　　　　　　　178

1

"우리에게는 교황이 있습니다"

발코니에 등장한 레오 교황

로마 성 베드로 광장의 시계는 오후 6시 5분을 가리킨다. 수백만 인파가 숨죽인 채 시스티나 성당 지붕 위를 유유히 거닐고 있는 갈매기 세 마리를 지켜보고 있다. 수만 명이 장엄한 성 베드로 대성전의 웅장한 전면 앞에 서 있고, 전 세계 수많은 사람은 화면으로 이 광경을 보고 있다. 그러나 그들은 갈매기에는 관심이 없다. 며칠 전 인부들이 시스티나 성당 지붕에 설치한 금속관, 바로 거기에 시선이 꽂혀 있다. 임시 굴뚝이다. 그것은 외부 세계와 성당 내부에 있는 133명을 잇는 유일한 연결고리다. 빗장 걸린 문 뒤에 있는 이들은 추기경이다. 그들은 얼마 전 선종한 프란치스코 교황의 후계자, 새로운 교황을 선출하고 있다. 이는 약 이천 년 전 순교한 사도 베드로의 후계자를 뽑는 것이며, 그의 유해는 사람들이 말하고 믿고 있듯 바티칸 대성전 제대 아래 묻혀 있다.

콘클라베는 이미 어제, 2025년 5월 7일 수요일에 막을 올렸다. 수요일 저녁, 첫 번째 투표가 비공개로 진행되었고, 예상보다 훨씬 늦게 굴뚝에서 피어오른 검은 연기는 아직 새로운 교황을 위한 3분의 2가 득표가 이루어지지 않았음을 외부 세계에 알렸다. 어찌 그리 쉽게 결론이 날 수 있으랴? 1503년 이래 교황 선거가 첫 시도에 끝난 적은 없었으니, 그때는 뭔가 석연치 않은 일이 있었지만, 그건 다른 이야기이다. 오늘 목요일 정오에도 지구에서 가장 유명한 저 굴뚝에서 검은 연기가 피어올랐고, 이는 두 번의 추가 투표도 실패했음을 뜻한다. 그럼, 이제는? 이제는 거의 확실히 콘클라베의 네 번째 투표가 끝나야 할 시간이다. 지난 2005년 교황 선거에서는 네 번째 투표에서 결정이 내려졌고, 독일 바이에른 출신의 요제프 라칭거 추기경이 베네딕도 16세가 되었다. 이번에도 그렇게 빨리 결정될 수 있을까?

그럴 가능성은 희박하다. 선거인단은 그 어느 때보다 많고, 전 세계 각지에서 모여들었으며, 콘클라베가 시작되기 며칠 전에도 모든 진영의 마음을 사로잡을 만한 유력 후보는 부상하지 않았다. 그래서 고통스러운 기다림의 시간이 예상된다. 몇 날 며칠이고 로마 하늘 저 굴뚝만 하염없이 바라보는 것 외에는 아무것도 할 수 없는 시간 말이다.

그러나 그때, 믿기 어려운 일이 벌어졌다. 오후 6시 7분, 갈매기들은 저만치 날아갔다. 바로 그 순간, 광장 곳곳에 설치된 대형 스크린에서는 물론 '화해의 길'(Via della Conciliazione)을 따라 테베레강에서까지 보이던 굴뚝에서 갑자기 흰 연기가 피어오른다. "푸마타 비앙카fumata bianca, 흰 연기다!" 군중 사이로 파도처럼 움직임이 일고, 함성이 터져 나온다. "파파, 파파" 누군가는 외치고, 누군가는 깃발을 흔들며, 거의 모든 이가 휴대전화를 높이 들어 흰 연기를 영원히 간직하려 하고 있다. 의심할 여지 없이 연기는 하얗다! 추기경들은 결국 새로운 로마 주교에 합의한 것이다. 이미 성 베드로 대성전의 종들이 울리기 시작했다. 이는 성 요한 바오로 2세 교황이 지시한 대로, 교황이 실제로 선출되었다는 확인 신호다. 공식 집계상 베드로 이후 266번째 후계자다. 불과 네 번의 투표 만에.

광장의 분위기는 빠르게 환희의 정점으로 치닫는다. 신학생들은 마치 축구장에서 골이 터진 듯 환호하고, 수녀들은 노래를 부르며, 반바지 차림의 관광객들은 셀카를 찍는다. 많은 이가 가족에게 전화하려 하지만 실패한다. 콘클라베 때문에 바티칸 시국의 대부분이 디지털 시대에서 아날로그 시대로 회귀했다. 주파수 교란 시스템과 무선 신호 차단은 세계에서 가장 특별한 투표소인 시스티나를 디지털 벙커로 만들었다. 민감한 선거 절차가 외부와의 접촉 없이 완벽하게 진행될 수 있도록 하기 위해서다. 이 때문에 시스티나 주변의 통신망은 크게 방해받는다. 기다리는 사람들은 깃발을 흔들고, 행진하는 군악대(스위스 근위대 소속)를 촬영하고, 카메라에 잡히는 순간마다 방송 스튜디오처럼 격렬하게 손을 흔드는 것 외에는 할 일이 많지 않다. 머리 위로는 한참 전부터 드론 카메라가 윙윙거리고 있고, 이 드론은 극적인 라이브 영상을 광장의 대형 스크린으로 계속 송출하고 있다.

하지만 새로운 로마 주교이자 "그리스도의 대리자"는 도대체 누구일까? 짧은 투표 기간은 선종한 프란치스코 교황의 국무원 총리 피에트로 파롤린 추기경이 선출되었음을 의미하는 것일까? 언론이 최근 며칠 동안 '대안 없는 인물'이라는 꼬리표를 붙였던 바로 그 사람 말이다. 아니면 어떤 기적이 일어난 걸까? 비록 네 번이 아니라 다섯 번의 투표가 필요했지만, 직전의 2013년 콘클라베에서 아르헨티나 출신 호르헤 마리오 베르골료가 교황직에 올랐다. 그전에 그를 교황 후보로 예상한 사람은 거의 없었다.

주변 거리와 광장은 점점 더 많은 사람으로 가득 차고, 베드로 광장의 군중과 화면 앞에서 지켜보는 전 세계 사람들의 인내는 한 시간 넘게 계속되었다. 그리고 오후 7시 13분경, 그 유명한 예식인 "하베무스 파팜"Habemus Papam으로 새로 선출된 교황의 이름을 선포하기 위해 수석부제 추기경 도미니크 망베르티가 베드로 대성전의 중앙 발코니에 모습을 드러냈다. 정확하게는 두 개의 이름이다. 그가 지금까지 사용했던 성姓과, 그가 교황이 되는 순간 스스로 선택한 교황 이름이다. 약 천오백 년 전부터 로마의 주교는 어제가 더 이상 유효하지 않음을 알리고, 그가 새로운 사람이며 다른 존재가 되었음을 각인시키기 위해 새로운 이름을 취해 왔다. 이 전통의 모범은 사도 베드로다. 그는 원래 시몬으로 불렸으나 예수님께서 직접 베드로(혹은 케파)라는 새로운 이름을 주셨다(마태 16,18). 참으로 특이한 이름이다. 이 이름은 '바위'(반석)를 뜻하는데, 이름이라기보다는 오히려 직무, 사명에 가깝다. 다시 발코니로 돌아가자. 망베르티는 "하베무스 파팜!"(우리에게는 교황이 있습니다)라고 외치고는 이어서 "로베르툼 프란치스쿰 … 프레보스트"Robertum Franciscum … Prevost라고 발표한다. 그러자 이렇게 표현해도 될지 모르지만, 궁금해하는 박수 소리가 터져 나온다. 프레보스트? 광장에 있는 사람들 대부분은 이 이름을 들어본 적이 없는 듯하다.

    추기경이 라틴어로 선출된 교황의 이름, 즉 레오 14세를 알리자 비로소 박수 소리가 다시 커지고 귀청을 찢을 듯 울려 퍼진다. 새로운 교황은 많은 사람이 자연스럽게 공감할 수 있는 전통을 잇는다는 사실이 분명했기 때문이다. 비록 지난 백 년이 넘는 시간 동안 어떤 베드로의 후계자도 레오라는 이름을 쓰지 않았지만 말이다. 레오 계보의 마지막 인물은 레오 13세(1878~1903)다. 그는 근대 자본주의가 제기한 문제와 카를 마르크스의 「공산당 선언」에 응답한 회칙 『새로운 사태』(1891)로 잘 알려져 있다. 이 회칙은 공동선, 연대성, 보조성의 기둥에 기반한 현대 그리스도교 사회 교리, 즉 이 세상의 가난하고 억압받는 이들을 향한 그리스도교적 관심을 제안하는 가톨릭 사회 교리의 출발점이었다. 베드로 광장에 있는 많은 이가 이 '레오의 전통'에 공감하고 있다. 따라서 새로운 교황은 전임자가 프란치스코라는 전례 없는 이름 선택을 통해 표현했던 것을 새로운 방식으로 이어 가고자 하는 듯하다. 즉, 아시시의 성 프란치스코(1181~1226)와 레오 13세의 정신에 따라 사람들을 위해, 특히 가장 약하고 잊히고 소외된 사람들을 위해 나선다는 것이다. 그런데 성 프란치스코의 가장 충실한 동반자이자 친구 중 한 명으로 그의 삶에 관한 감동적인 기록을 남긴 사람은 누구였던가? 바로 수도자 레오다. 이로써 두 이름이 지닌 연상聯想의 장場이 활짝 열린 셈이다.

그런데 프레보스트라는 이름은? 일시적인 통신 장애로 광장에 있는 사람들은 구글 검색을 할 수 없었기에, 새 교황에 대한 몇 가지 기본적인 정보가 입소문으로 퍼져 나갔다. 미국인이라니, 믿을 수 없는 일이다! 하지만 그는 오랫동안 페루에서 선교사로 살았다. 나이는 69세. 수도회 소속인가? 그렇다, 아우구스티노회 수도자다. 레오에 이어 그리스도교 역사에서 또 다른 울림 있는 이름이 떠오른다. 히포의 성 아우구스티노(354~430) 교부는 가장 뛰어난 그리스도교 사상가이자 작가 중 한 분이다. 가톨릭교회가 예수회 회원이었던 프란치스코에 이어 다시 수도회 회원을 선출했다는 점은 주목할 만하다. 수도회는 언제나 교회 내 개혁의 중요한 요소였으며, 전전임 교황인 독일인 교황도 수도회 소속은 아니었지만, 서방 수도원의 전통과 유럽의 아버지인 누르시아의 성 베네딕도(480~547)의 이름을 딴 베네딕도 16세라는 이름을 선택하여 수도회의 전통을 잇는다는 태도를 보였다. 이는 여전히 교회 안에서 수도회의 순간이 계속되는 것으로 쇄신과 맞닿아 있다. 흥미롭게도 마르틴 루터(1483~1546)도 아우구스티노회 회원이었고, 그에게 파문을 내렸던 교황은 메디치 가문 출신의 레오 10세(1513~1521)였다.

프레보스트는 미국인이다. 북아메리카대륙 출신으로서는 최초로 가톨릭교회 수장이 된 것이다. 이는 사실 예상하기 어려운 일이었다. 한편으로는 선거인 추기경 중 다수가 아프리카나 아시아, 남미 등 남반구 출신이며 세계 무대의 패권 국가에 대해 거부감을 느끼고 있었기 때문이다. 아르헨티나 출신 프란치스코 교황조차 그러한 거부감에서 자유롭지 않았다. 다른 한편으로는 현재 워싱턴 백악관에는 도널드 트럼프라는 대통령이 재임하며 인권과 법치주의, 국제 협력의 근간을 흔들고 있다. 이러한 역사적 시기에 미국인이 교황으로 선출되는 것은 결코 당연한 일이 아니었다. 하루 뒤 이탈리아 일간지「코리에레 델라 세라」의 한 논객은 "미국 출신 교황은 아르헨티나 출신 예수회 교황보다 사실상 더 놀라운 일이다"라고 논평했다.

오후 7시 23분, 교황 레오 14세가 성 베드로 대성전의 그 유명한 발코니에 모습을 드러내고 아래로 손을 흔든다. 바로 그가 베드로의 작은 배를 이끌 새로운 선장이다. 날씬하고 안경을 쓴 남자. 넓은 이마, 회색 머리카락, 반쯤 벗겨진 머리, 친절하면서도 다소 수줍은 미소를 띠고 있다. 그는 계속해서 침을 삼키고 긴장감 속에 눈을 찡그리며, 때로는 고개를 아래로 떨구다가 다시 위로 올려 든다. 분명히 감격에 겨운 모습이다. 십이 년 전 선출 후 단순한 흰 교황복, 말하자면 평상복 차림으로 발코니에 등장했던 프란치스코 교황과는 달리, 레오 교황은 전통적인 적자색 어깨 망토인 모제타와 그에 딸린 영대를 선택했다. 그는 또한 아르헨티나 출신 교황처럼 단순한 은 십자가를 걸지 않고, 첫 공식 등장을 위해 금 십자가를 걸었다. 그러나 베드로 대성전 발코니에 서 있는 그의 모습은 전혀 화려하지 않고, 옷을 빌려 입은 듯 어색하지도 않다. "벌써 저분은 완전히 교황님처럼 보이는군." 내 옆에 있는 누군가가 말했다.

광장의 사람들은 레오 교황을 열광적으로 맞이한다. 독일의 언론인 크리스티아네 플로린은 새로 선출된 교황이 성 베드로 대성전의 발코니에 등장하는 이 순간을 "발코니 장면"이라고 표현한 적이 있다. 로미오와 줄리엣을 떠올리기에는 다소 과장된 표현일 수 있다. 물론 여기에는 줄리엣이 발코니에 나타나는 것은 아니기 때문이다. 그렇지만 이 표현은 일리가 있다. 이 순간은 반짝이는 첫 마법을 품고 있으며, 계획할 수 있는 일은 아니기 때문이다. 이 순간, 새로운 목자가 자기 양 떼에게, 혹은 그 반대로 양 떼가 목자에게 무엇을 전달하고 있는지 드러난다. 광장의 사람들과 발코니의 레오 14세 교황 사이의 깊은 유대가 이루어지는 순간이라고 할 수 있다. 새로운 교황은 손을 흔든다. 교황답게 조심스러운 몸짓이 아니라, 오른팔 또는 양팔을 위로 뻗어 마치 친구에게 하듯이 손을 흔든다.

레오 교황이 서 있는 베란다 좌우 발코니에는 시스티나 성당에서 선거에 참여했던 추기경들이 빼곡히 모여 있다. 그들도 이 발코니 장면에 동참하고 싶어 한다. 그리고 레오 교황 바로 옆에는 친근하게 입꼬리를 올린 파롤린 추기경이 서 있다. 그는 이번 선거에서 가장 유력한 후보로 회자되던 인물이다. 유명한 로마 속담에 꼭 맞게 그는 교황으로 콘클라베에 들어갔지만 추기경으로 다시 나왔다. 프레보스트가 그를 발코니로 데리고 나온

것은, 봉쇄된 문 뒤에서 교황 선거의 역학이 정확히 어떻게 진행되었든 간에 두 사람 사이에 불화가 없었음을 명확히 보여 준다.

약 십만 명의 사람들과 미국 출신 새 교황의 첫 대면은 불과 몇 분밖에 지나지 않았다. 예전 같았으면 그 정도로 끝났을 것이다. 선출된 교황은 라틴어로 축복하고, 그 외에는 어떤 말도 하지 않았을 것이다. 마치 교황의 삶에서 첫날은 콘클라베가 끝났다는 연기 신호와 몇 가지 라틴어 형식에 국한되어야 하는 것처럼 말이다. 그러나 폴란드 출신 요한 바오로 2세 교황은 1978년에 이 엄격한 의식을 깨고 즉석에서 이탈리아어로 연설했고, 그의 두 후임자도 첫 등장에서 전례를 따랐다. 프란치스코 교황의 "부오나 세라"Buona sera(안녕하세요)라는 단순한 인사는 잊을 수 없다. 레오 14세 교황도 이제 공책을 꺼내고는 두 팔을 벌린 채, 터져 나오는 박수 속에서 이탈리아어로 외친다. "평화가 여러분 모두와 함께!"

박수가 잦아들기 시작하자 교황은 그 인사가 예수님께서 부활하신 후 처음 건네신 인사였다고 말하며 이어 간다. "저 또한 이 평화의 인사가 여러분의 마음에 스며들고, 여러분의 가정에 가닿으며, 곳곳에 있는 모든 이에게, 모든 민족에게, 온 땅에 이르기를 바랍니다. 평화가 여러분과 함께!" 레오 교황의 외침은 오늘날 러시아와 이스라엘 또는 수단에서 들리는 전쟁의 아우

하베무스 파팜! 레오 14세 교황이 교회와 전 세계 앞에 나서다.

성과 대조를 이룬다. 그리고 바로 이 말을 하는 사람이 공교롭게도 미국 시민이라는 사실이 놀랍다. 레오는 부활하신 주님의 평화에 대해 말하며 자신의 이야기를 이어 간다. "이 평화는 무장하지 않는 평화, 무장해제시키는 평화, 겸손하고 항구한 평화입니다. 이 평화는 하느님에게서, 우리 모두를 조건 없이 사랑하시는 하느님에게서 옵니다."

유럽에서 제2차 세계대전이 끝난 1945년 5월 8일로부터 정확히 팔십 년이 되는 날, 미국 출신 교황이 평화의 호소로 자신의 교황직을 시작하고 있다. 이는 정치적이며 동시에 사목적인 시작이지만, 사적인 것은 아니다. 요한 바오로 2세부터 베네딕도 16세, 프란치스코에 이르기까지 전임 교황들은 첫 연설에서 먼저 콘클라베와 자신에 대해 언급했다. 1978년, 폴란드 출신 교황은 자신이 "먼 나라에서" 왔으며 "이 임명을 받아들이는 것"에 "두려움"을 느낀다고 알렸다. 2005년, 바이에른 출신 교황은 추기경들이 "주님의 포도밭에서 일하는 단순하고 겸손한 일꾼"을 선택했다고 말했으며, 2013년에 아르헨티나 출신 교황은 추기경 형제들이 로마의 주교를 찾기 위해 "거의 세상 끝까지 갔다"라고 했다. 반면에 레오 14세는 자신에 관해서는 아무것도 말하지 않고 곧바로 핵심 메시지를 전달한다. 그의 "평화가 여러분 모두와 함께!"는 요한 바오로 2세가 1978년 즉위 미사 강론에서 교황직을 시작하며 외쳤던 "두려워하지 마십시오"라는 상징적인 말을 떠올리게 한다.

이 평화의 호소 후에야 미국인 교황은 자신이 개인적인 언어와 감성을 잘 전달하는 법을 알고 있음을 드러낸다. 그는 불과 3주 전에 전임자 프란치스코 교황이 이 발코니에서 로마와 온 세상에 보내는 부활절 강복인 "우르비 엣 오르비"Ubrbi et Orbi를 내렸던 사실을 상기시킨다. 교황 전용차인 파파모빌을 타고 성 베드로 광장을 한 바퀴 돈 것을 제외하고는, 병세가 위중했던 그분의 마지막 공개 활동이었다. "우리는 힘겨워하셨지만 언제나 용기를 주셨던 프란치스코 교황의 목소리를 여전히 듣고 있습니다. 교황은 그 부활절 아침에 로마와 세상, 온 세상을 향하여 당신의 축복을 내리셨습니다."

이때 많은 사람이 아직도 기억하는 장면이 탄생한다. 프레보스트 교황은 곧바로 구체적인 메시지에서 보편적인 메시지로 방향을 바꾼다. "저에게도 그 강복을 이어 가게 해 주십시오. 하느님은 우리를 사랑하시고, 여러분 모두를 사랑하시며, 악은 승리하지 못할 것입니다! 우리는 모두 하느님의 손안에 있습니다. 그러므로 두려워하지 말고, 하느님과 손잡고 서로 손잡고 앞으로 나아갑시다! 우리는 그리스도의 제자입니다. 그리스도께서 우리를 앞서가십니다. 세상은 그분의 빛이 필요합니다. 인류에게는 하느님과 그분의 사랑에 도달하도록 이어 주는 다리와 같은 그리스도가 필요합니다. 여러분도 우리를 도와주십시오. 서로서로 도와서 대화와 만남을 통해 다리를 건설하도록 우리를 도와주십시오. 그리하여 영원한 평화 속에서 사는 하나의 백성이 되도록 우리가 일치하도록 도와주십시오. 감사합니다, 프란치스코 교황님!"

새 교황의 말은 박수갈채로 거듭 중단된다. 그는 전임 교황의 중요한 키워드인 다리 놓기, 대화, 만남의 문화를 언급하지만, 선종한 교황을 기리는 그 언사 뒤로 레오 교황 자신의 계획도 어렴풋하게 드러낸다. 추기경들이 자신을 베드로의 후계자로 선출한 것은 "우리가 하나 된 교회로서 함께 나아가고, 늘 평화와 정의를 추구하며, 항상 예수 그리스도께 충실한 남녀로서 일하고, 두려움 없이 복음을 선포하며, 선교사가 되기 위해서"였을 것이라 언급한다. 여기에는 프란치스코 교황뿐만 아니라 레오 교황의 다양한 모습이 담겨 있다. 평화와 정의 추구, 선교사로서의 헌신 등이다. 동시에 그 연속성은 분명하다.

"저는 성 아우구스티노의 아들이자 아우구스티노회 수도자입니다. 아우구스티노 성인은 이렇게 말씀하셨습니다. '여러분과 함께라면 나는 그리스도인이고, 여러분을 위해서라면 나는 주교입니다.' 이러한 의미에서 우리는 모두 하느님께서 우리를 위해 마련하신 본향으로 함께 나아갈 수 있습니다." 이어서 교황은 두 교구에 인사를 전한다. 첫째는 그의 새로운 교구인 로마 교구이다. 그는 로마 교구가 항상 "이 광장처럼" "모든 이를 두 팔 벌려 받아들여야 한다"라고 강조한다. 이는 이탈리아의 위대한 조각가 잔 로렌초 베르니니(1598~1680)가 성 베드로 광장을 기둥들로 둘러싸, 광장이 시각적으로 활기차게 대성당을 향하도록 한 천재적인 직관을 암시한다. 두 번째로, 레오 교황은 그의 예전 교구인 페루의 치클라요 교구에도 스페인어로 인사를 전했고, 광장은 격렬한 박수로 그에게 감사를 표한다. 이는 이례적인 일이다. 레오 교황은 치클라요에서 "신실한 믿음의 백성이 그들의 주교와 동행하고 믿음을 나누고, 예수 그리스도의 충실한 교회가 되기 위해 아낌없이 헌신했습니다"라고 말한다. 새로운 교황이 발코니 장면에서 이탈리아어가 아닌 다른 언어로 사람들에게 말을 건넨 것은 이번이 처음이다.

 북미 출신 교황의 연설은 세 전임자의 첫 연설보다 훨씬 긴 6분 동안 이어졌다. 열정적으로 전달되었지만, 부분적으로는 다소 장황했을지 모르는 연설 끝부분에서, 그는 프란치스코 교황이 시작한 세계 시노드에 대한 지지를 분명히 밝혔다. "우리는 시노드 정신을 살아가는 교회가 되기를 원합니다. 길을 나서는 교회, 항상 평화를 추구하는 교회, 언제나 사랑을 추구하는 교회,

로버트 프레보스트가 레오 14세가 되었다는 증인들의 문서

특히 고통받는 이들에게 언제나 가까이 다가가려 노력하는 교회입니다." 성모송을 바친 후 레오 14세 교황은 라틴어로 자신의 "우르비 엣 오르비" 강복, 즉 로마와 온 세상에 축복을 내렸다.

15분 남짓, 발코니 장면은 거기서 끝이 났다. 미국 출신 교황은 스페인어를 말했지만, 영어는 한 마디도 하지 않았다.

2

반트럼프?
최초의 미국인 교황

78세의 도널드 트럼프가 텔레비전 시청을 즐긴다는 것은 공공연히 알려진 사실이다. 이 목요일에도 자신을 "특정 종파에 속하지 않은 그리스도인"이라고 주장하는 미국 대통령은 워싱턴 백악관의 텔레비전으로 로마에서 전하는 "하베무스 파팜"을 시청하고 있을 것이다. 아마도 그가 가장 좋아하는 채널인 폭스 뉴스를 통해서 말이다. 자국민이 가톨릭교회의 최고 지도자로 선출되자, 그는 자신의 소셜 네트워크 서비스인 트루스 소셜을 통해 이렇게 축하했다. "얼마나 흥분되고 우리나라에 얼마나 '위대한' 영광인가. 레오 14세 교황을 어서 빨리 만나기를 고대한다." 나중에 그는 기자들에게 밝혔다. "텔레비전을 보고 있었는데, 새 교황이 미국인이라는 말을 듣고, 나는 '정말 대단하다!'라고 했어요." 성인이 되어 복음주의 개신교에서 가톨릭으로 개종한 부통령 J. D. 밴스도 바티칸발 소식에 즉각 반응했다. "저는 수백만 명의 미국 가톨릭 신자들과 다른 그리스도인들이 교회의 수장으로서 그의 성공적인 사목활동을 위해 기도할 것이라고 확신합니다."

이 모든 발언은 매우 균형 잡히고 온화하게 들린다. 트럼프 정부가 평소 얼마나 거칠고 거침없이 행동하는지를 고려할 때 이는 실로 이상한 일이다. 갈기 같은 금발 머리 때문에 안경을 쓴 바티칸의 레오 교황보다 훨씬 더 사자처럼 보이는 대통령은 숨을 죽이고 있는 듯하다. 프레보스트는 도대체 어느 편인가? 트럼프의 신봉자인가, 아니면 상상할 수도 없지만, 민주당 지지자인가? 얼마 지나지 않아 트럼프의 마가MAGA[미국을 다시 위대하게(Make America Great Again)] 진영에서 첫 경고음이 울려 나왔다. 2016년, 트럼프의 첫 대선 승리의 배후 핵심 인물인 스티브 배넌은 "교황청 안의 세계주의자들에 의한 반反트럼프 선거"라고 평했다. 그가 자신을 포함한 "마가 가톨릭 신자"들에게 프레보스트의 즉위는 최악의 상황, 대재앙일 것이라 했다. 콘클라베 시작 전에 이미 배넌은 한 인터뷰에서 프레보스트가 교황으로 선출될 가능성을 두고 경고했다. 그 사람은 교회 내의 어두운 세력에 의해 지지받는 자유주의자라며, "이것은 재앙이 될 것이다. 우리는 분열의 위험에 처해 있다". 소셜 미디어 엑스X에서는 우

어떤 이들에게는 큰 기쁨이고, 어떤 이들에게는 끔찍한 공포다.

익 활동가 로라 루머가 더욱 과격하게 반응하며, 새 교황을 "반反트럼프, 반反마가, 국경 개방 지지자, 프란치스코 교황처럼 철저한 마르크스주의자, … 바티칸의 또 다른 마르크스주의자 꼭두각시"라고 규정했다.

실제로 오래 지나지 않아 프레보스트가 교황 선출 이전에 자신의 트위터 계정과 이후 엑스 계정(@drprevost)에 올렸던 몇몇 글이 알려지면서, 트럼프 지지자들의 우려를 뒷받침해 주었다. 2025년 봄, 당시 바티칸 주교부 장관이었던 미국인 추기경은 엑스에 다음과 같이 간결하게 밝혔다. "밴스는 틀렸다. 예수님께서는 우리가 다른 사람들에 대한 사랑에 순서를 두라고 요구하시지 않는다." 이는 폭스 뉴스에서 부통령이 했던 "그리스도교적으로 이런 개념이 있다. 먼저 가족을 사랑하고, 그다음에 이웃과 공동체를 사랑하고, 종국에는 동포를 사랑하며, 그 이후에야 비로소 세상의 나머지 사람들에게 우선순위를 부여할 수 있다"라는 발언에 대한 직설적인 응답이었다. 자신을 "초보 가톨릭 신자"라고 부르기도 하는 개종자 밴스는 성 아우구스티노에게서 발견했다고 하는 '사랑의 질서'(ordo amoris)를 자신의 근거로 언급했다. 하지만 워싱턴의 급진적인 반反이민 정책을 그리스도교적으로 미화하려는 밴스의 시도를 거부한 건 아우구스티노회 수도자인 프레보스트만이 아니었다. 프란치스코 교황도 이 문제에 대한 단호한 입장이 담긴 서한을 미국 주교회의에 보냈다. 4월 중순, 프레보스트 추기경은 엑스에 불법 이민자로 미국에 왔던 어느 미국 보좌 주교에 관한 기사를 공유했다. 추기경의 이러한 입장은 트럼프가 소위 범죄 혐의를 받는 외국인들을 재판 없이 엘살바도르로 추방한 시점에 나온 것이었다. 그들은 그곳의 감옥에 갇혔는데, 이는 엘살바도르 대통령 나이브 부켈레와의 거래로 이루어진 것이다. 그리고 이미 2017년에도, 당시 추기경이 아니었던 프레보스트의 또 다른 리트윗은 트럼프에게 기후 변화에 맞서 적극적으로 나서라고 촉구하는 내용이었다.

의심할 여지가 없다. 새 교황은 트럼프 지지자가 아니다. 그는 백악관 집무실의 변덕스러운 주인과 핵심 문제들, 특히 이민자 문제에 관해서는 대립하고 있다. 이미 태도에서부터 두 사람은 극명한 차이를 보인다. 레오는 과시하는 것과는 거리가 멀고, 거들먹거리지 않으며, '양키'의 전형적 이미지에 전혀 부합하지 않는다. 오히려 독일 시사주간지 「슈피겔」이 정확하게 제목을 붙였듯이 "온화한 사자"다. 그렇지 않았다면 추기경들이 시스티나 성당에서 그를 세계 교회의 최고 목자로 3분의 2 이상 찬성으로 선출하지 않았을 것이다. 독일 일간지 「프랑크푸르터 알게마이네 차이퉁」의 토마스 얀젠은 다음과 같이 평가한다. 하필이면 트럼프 2기 시대에 미국인이 바티칸에 입성했다는 사실은 "미국 대통령과 미국 주교회의에 대한 프란치스코 교황의 역전승으로 해석할 수 있다. 미국 주교회의는 마지막까지도 프란치스코 교황의 가장 완강한 반대자들이 앉아 있던 곳이다. 프레보스트는 대서양 너머에서 프란치스코 교황에게 충실했던 몇 안 되는 주요 성직자 중 한 명이었다".

 그렇다면 이제 로마 성 베드로 광장과 워싱턴 펜실베이니아 대로 1600번지 사이의 장거리 대결을 예상해야 하는가? 한때 동방에서 온 성 요한 바오로 2세 교황이 공산당 간부들을 무력하게 만들었던 것처럼 레오 14세가 도널드 트럼프의 숙적이 될 것인가? 역사를 돌이켜 보자. 1978년, 냉전의 한가운데서 폴란드인이 베드로 사도의 후계자로 선출된 것은 시간이 지남에 따라 체제를 붕괴시키는 효과를 가져왔었다. 성 요한 바오로 2세 교황은 대다수 국민이 가톨릭 신자였던 폴란드를 지렛대 삼아 로마와 고국 방문을 통해 강한 영향력을 행사하며 동구권을 뒤흔들었고, 마침내 1989년 베를린 장벽 붕괴에 이바지했다. 물론 역사는 반복되지 않는다. 레오는 요한 바오로가 아니고, 트럼프는 브레즈네프가 아니다. 그렇지만 이 구도는 흥미롭다. 이제 미국인 두 명이 국제적인 핵심 자리 두 곳에서 서로 마주하고 있는데, 이들은 극명하게 대조를 이룬다. 한 명은 모든 사람을 위한 평화를 외치고, 다른 한 명은 "내가 뉴욕 5번가 한가운데서 누군

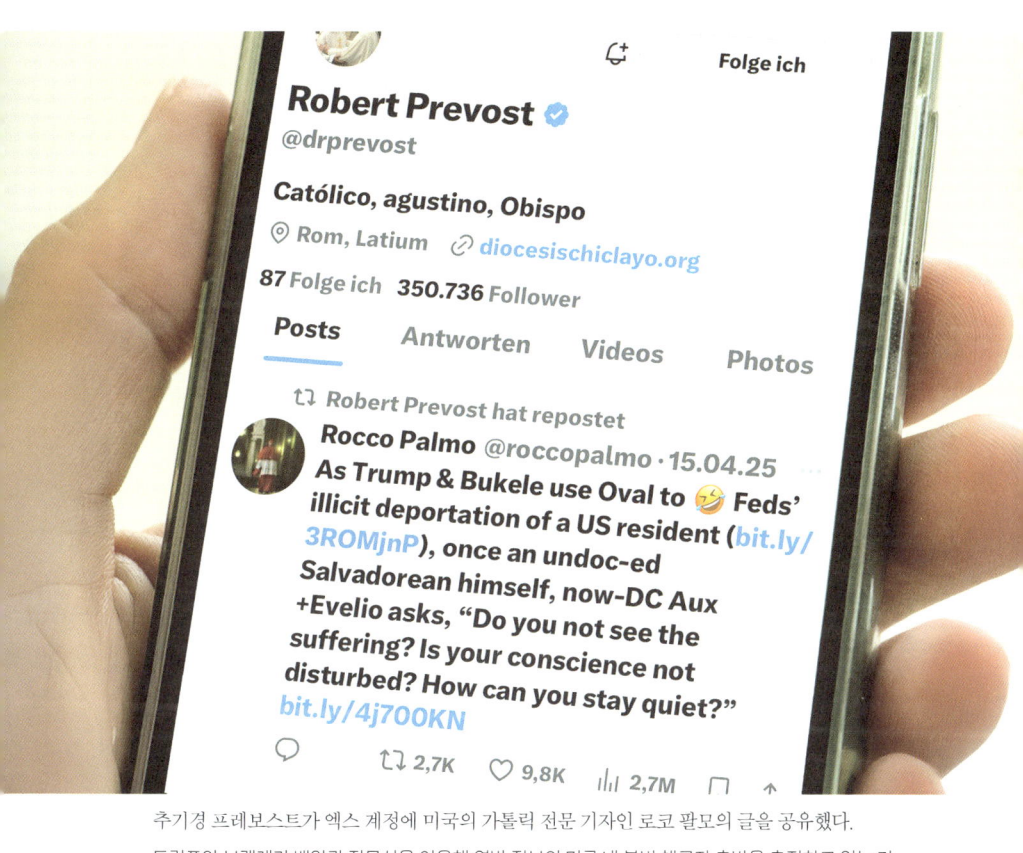

추기경 프레보스트가 엑스 계정에 미국의 가톨릭 전문 기자인 로코 팔모의 글을 공유했다. 트럼프와 부켈레가 백악관 집무실을 이용해 연방 정부의 미국 내 불법 체류자 추방을 추진하고 있는 가운데, 엘살바도르 출신으로 한때 불법 체류자였던 워싱턴 보좌주교 에벨리오가 묻는다. "고통을 모르는가? 양심의 가책을 느끼지 않는가? 어떻게 침묵할 수 있는가?"

가를 쏘더라도 나는 표를 잃지 않을 것이다"라고 주장한다. 교황 프레보스트와 대통령 트럼프 사이의 관계가 어떻게 시작되고 이어질지 기대된다. 트럼프는 콘클라베 전에 이런 농담을 했다. "나는 교황이 되고 싶다. 그것이 나의 첫 번째 선택이다."

뉴욕 대교구장 티머시 돌런(75세) 추기경은 이 두 이질적인 미국인 사이에서 충돌이 일어나리라 생각하지 않는 듯하다. 그는 이탈리아 일간지 「라 스탐파」에서 현재 상황이 요한 바오로 2세의 선출과 비교될 수 없다고 단언했다. "교황은 트럼프 대통령을 포함한 모든 국가 지도자와 다리를 놓을 것입니다. 이것이 바로 교황을 나타내는 칭호 '폰티펙스'Pontifex의 의미입니다. 라틴어로 '다리를 놓는 자'란 뜻이죠. 교황 레오는 어떤 국가 지도자도 다른 누구보다 중요하거나 덜 중요하게 여기지 않을 것입니다." 이 다리 놓기에 대한 언급을 듣고 2016년에 프란치스코 교황이 당시 대통령 후보이던 트럼프를 은근히 비판했던 말을 떠올리는 사람은 꽤 짓궂은 이일 테다. "벽을 쌓는 것만 생각하고, 다리를 놓는 것을 생각하지 않는 사람은 그가 누구이든 그리스도인이 아닙니다." 돌런 추기경 자신이 트럼프에게 이미 여러 번 다리를 놓았다는 것을 떠올리는 사람도 마찬가지다. 그는 공화당 전당대회와 트럼프의 지난 취임식에서 기도를 맡기도 했다.

그러나 새 교황을 "반트럼프"로 규정하는 것은 너무 단순한 접근이다. 몇 가지 정책 방향에서 현재의 레오 14세가 공화당과 유사한 견해를 보였고, 지금도 그렇게 보이기 때문이다. 무엇보다도 낙태를 반대한다. 동성애자나 성소수자들에게 더 많은 권리를 부여하고, 학교에 젠더 연구를 도입하거나 동성 결혼 등 "모두를 위한 결혼"을 허용하려는 모든 시도도 반대한다. 프란치스코 교황이 특정 조건 아래에 "규범에 맞지 않는" 축복, 이른바 동성 생활 공동체에 대한 축복을 승인한 것에 프레보스트 추기경이 지지한 것은 사실이다. 그러나 2012년 주교로서 한 강론에서 그는 "동성애적 생활 방식"과 "두 명의 동성 파트너와 그들의 입양아로 구성된 대안 가족"에 대해 경고했다. 그리고 그는 "서구 언론이 복음에 반하는 신념과 관행에 호감을 보인다"라고 비판하기도 했다.

미국 언론의 조사에 따르면, 대통령 선거를 위한 당내 예비선거 유권자 명부를 검토한 결과 프레보스트는 2008년과 2010년에 민주당 예비선거에 참여했고, 2012년, 2014년, 2016년에는 공화당 예비선거에 참여했다. 그리고 2024년 말에도 추기경은 로마에서 우편 투표로 대통령 선거에 참여한 것으로 보인다. 하지만 주목할 점은, 이것이 그가 예비선거나 대통령 선거에서 어느 정당이나 어떤 후보에게 투표했는지에 관해 아무런 정보가 되지 못한다는 것이다. 물론 추측할 수는 있다. 2008년은 버

락 오바마가 부상하던 시기였고, 오바마는 프레보스트와 마찬가지로 시카고의 사우스 사이드 출신으로 사회 복지사로 사회에 첫발을 내디뎠다. 그것이 오늘날의 교황에게 매력적으로 보였을 수도 있다. 2012년에는 공화당에서 대통령 후보 지명 경쟁이 치열했기 때문에 공화당에 투표하는 것이 그에게 더 흥미로웠을 수 있다. 하지만 이것은 어디까지나 추측일 뿐이며 여전히 추측으로 남을 것이다.

    자국민의 극적인 교황 선출 이후 몇 시간 만에 공화당뿐만 아니라 민주당에서도 레오 14세를 동조자로 내세우려고 하고 있다. 역시 근거가 전혀 없지는 않다. 새 교황의 기후 변화 대응, 난민과 이민자, 세계 곳곳의 가난하고 권리를 빼앗긴 사람들을 위한 노력 그리고 사형 제도와 무기 소지 반대는 트럼프의 전임자이자 가톨릭 신자인 조 바이든 대통령이 지지했던 민주당 의제와 연결된다. "우리는 국제적인 차원에서 가난한 사람들, 핍박받는 사람들, 난민들을 위해 말할 수 있는 누군가가 필요합니다." 이것은 이제 속속 알려지고 있는 프레보스트의 발언 중 하나다. "사람들이 친절하게 고개를 끄덕이며 자신의 길을 가더라도, 우리에게는 그런 목소리를 내줄 이가 필요합니다." 하지만 그렇지 않다. 생명권, 가족, 성 윤리 문제에서는 보수적이지만 사회윤리적 측면에서는 진보적인 사고방식을 지닌 이 교황은 전임 교황과 마찬가지로 좌우라는 단순한 정치적 틀에서 벗어난다. 프란치스코 교황은 2024년 가을, 미국 대통령 선거를 앞두고 공화당의 도널드 트럼프 후보와 민주당의 카멀라 해리스 후보에 관한 질문을 받았을 때 둘 다 이상적이라고 생각하지 않는다고 밝혔다. 트럼프에 대해서는, 이민자 수용 거부는 "죄"라고 했다. 해리스를 겨냥해서는 낙태가 인간 생명체의 살해를 의미함에도 불구하고 낙태권을 옹호한다고 했다. 따라서 가톨릭의 관점에서 유일한 질문은 "누가 덜 악한가?"라는 것이었다.

어떤 경우에도 한 가지는 분명하다. 필라델피아에서 가르치는 신학자 마시모 파지올리가 독일 가톨릭 뉴스 통신사인 카엔아KNA에서 설명했듯이, 프레보스트의 선출은 미국의 정치·사회와 가톨릭교회에 던지는 하나의 메시지다. 그는 프레보스트가 "마가MAGA의 신神"에게 나라를 개종시키려는 정부와 대립하는 "범汎아메리카적 교황"이라고 말했다. 레오가 미국 교회에 정확히 어떤 영향을 미칠지는 예측하기 어렵다. 미국 교회는 현재 보수주의자와 개혁가 사이에서 "유동적 분열"을 경험하고 있기 때문이라는 것이다. 하지만 미국 가톨릭에 "레오 효과"가 있을 것이라는 점은 확실하다고 했다. "프레보스트가 프란치스코와는 완전히 다른 태도로 미국 주교들을 대할 것이라고 예상할 수 있다. 우파와 좌파 모두 이것을 무시하기 더 어려워질 것이다."

그러나 레오 14세 교황을 정치적으로 어떻게 분류하려 해도, 미국인이 처음으로 교황직에 올랐다는 것은 모든 면에서 예상 밖의 놀라운 일이다. 물론, 어떤 사람들은 "미국인 중 가장 미국적이지 않은 사람"이라고 말하기도 한다. 워싱턴과 바티칸은 역사적으로 오랜 기간 서로 소원했으며, 불과 사십여 년 전에야 완전한 외교 관계를 수립했다. 미국인이 추기경단에 처음으로 들어간 것은 한 세기 반 전의 일이다. 미국 가톨릭 신자들은, 라틴계든 아일랜드계든 이탈리아계든, 동부 해안의 개신교 엘리트들에게 자주 차별을 느꼈다. 가톨릭 신자가 대통령이 되는 것은 오랫동안 상상할 수 없었으며, 실제로 케네디와 바이든, 단 두 차례만 가능했다. 반대로, 앞서 언급했듯이 특히 글로벌 사우스의 가톨릭 신자들은 세계 강대국 미국에 대한 반감을 품고 있다. 그래서 이 지역의 어떤 추기경들은 시스티나 투표용지에 미국인의 이름을 적기 위해 큰 결심을 했을 것이다.

그러면 그의 고향에서는 어땠을까? 동포가 베드로 사도좌에 올랐다는 소식은 많은 미국인에게 즉각적으로 "우리가 교황이다"라는 감정을 불러일으켰다. 「코리에레 델라 세라」의 미국 특파원은 이렇게 보도했다. "뉴욕에서 워싱턴으로 가는 지역 열차 95호에서 현지 시각으로 오후 1시 13분에 환호성이 터져 나왔다. 거의 모든 승객이 정치적 성향에 따라 시엔엔CNN이나 폭스를 통해서 자신의 휴대전화로 성 베드로 광장의 생중계를 보고 있었고, 그중에는 아프리카계 미국인도 많았다. 하지만 민주당원과 공화당원, 흑인과 백인 등 모두가 역사상 첫 북미 교황의 소식에 환호했다. 이 낙천적이고 소란스러운 국민은 또한 매우 민족주의적이다. 정원에 국기를 걸어 두는 국민이다. '미국 태생' 교황의 선출은 온 나라를 전율케 했다."

물론 교황 선출 소식이 알려지자마자 전 세계에서 축하 메시지가 쏟아졌다. 국제연합 사무총장 안토니우 구테흐스는 뉴욕에서 레오의 평화 메시지를 칭송했다. "다양한 배경과 신념에도 불구하고, 지구상의 모든 사람은 같은 목표를 공유합니다. 바로 온 세상에 평화가 있어야 한다는 것입니다." 우크라이나 대통령 볼로디미르 젤렌스키에게도 무엇보다 평화 문제는 절실하다. 그는 "정의를 회복하고 지속적인 평화를 달성하려는 우크라이나의 노력에 바티칸의 추가적인 도덕적·영적 지원"을 온 국민이 희망하고 있다고 밝혔다. 모스크바에서는 러시아 독재자 블라디미르 푸틴이 "건설적인 대화"와 "공동의 그리스도교적 가치"에 관한 두 마디 메시지를 조용히 내놓았다. 유럽연합 지도부는 브뤼셀의 성명서에서 당연히 "공동의 가치"는 말했지만, "그리스도교적"이라는 말은 명시적으로 표현하지 않고 대신 "더 정의롭고 자비로운 세상을 향한 노력"이라고 언급했다.

독일의 신임 총리 프리드리히 메르츠의 말은 비장하게 들린다. "많은 사람에게 교황은 정의와 화해의 닻입니다. 독일 사람들은 확신과 긍정적인 기대 속에 교황직을 지켜보고 있습니다." 기독교민주연합 정치인인 그는 69세로 새 교황보다 두 달가량 어리고, 레오 교황보다 불과 이틀 전에 취임했다. 독일 주교회의를 이끄는 게오르크 베칭 주교도 레오 교황을 높이 평가한다. 베칭은 새 교황이 즉시 "앞으로 나아가고 모든 사람을 위해 존재하고자 하는 시노드 교회"를 천명한 것이 독일 교회에 힘이 된다고 했다. "특히 프란치스코 교황에 대한 그의 존경심이 보여 주듯이, 레오 교황은 전임자와 연속성을 지닌다고 봅니다." 이 림부르크 교구장은 프란치스코 교황이 독일의 '시노드 여정'과 불편한 일이 있었고, 알프스 너머의 개혁 열기를 억제하기 위한 바티칸의 경고 서한 중 하나에 프레보스트의 서명도 있었다는 언급은 피했다. 그럼에도 베칭 주교는 새 교황을 개인적으로 알고 있으며, 2024년 가을 세계주교시노드 기간 중 대화를 나누었다고 했다. 프레보스트는 조용한 성격이고, 경청하는 사람이며, 전면에 나서기를 즐기지 않는 사람이라고 전했다.

이스탄불에서 전 세계 정교회 그리스도인들의 명예 수장인 바르톨로메오스가 레오 14세 교황의 즉위 미사에 참석할 것이라고 발표했다. 이미 십이 년 전 프란치스코 교황의 즉위 미사 때도 콘스탄티노플의 에큐메니컬 총대주교가 방문한 바 있다. "우리는 새로운 교황을 그리스도교적 희망으로 바라봅니다"라고 바르톨로메오스는 밝혔다. 아울러 그는 콘스탄티누스 황제의 주도하에 그리스도교 신앙고백이 정립된 니케아공의회 천칠백 주년을 기념하여, 오늘날 튀르키예의 이즈니크에 있는 원래 장소에 레오 교황이 방문하기를 희망했다. 교황은 이미 또 다른 사목 방문 초대를 받았다. 바로 2025년 11월 아마존강 하구의 벨렝에서 열리는 유엔기후변화협약 당사국총회다.

하지만 교황 선출에 대한 가장 뜨거운 반응은 그의 고향, 아니 두 고향에서 나왔다. 전 세계 언론의 새로운 보도와 인터뷰를 통해 시시각각으로 알려진 바와 같이, 미국인 프레보스트는 오랫동안 페루에서 선교사로 활동하다가 마지막에는 주교로 살았다. 그는 심지어 페루 국적도 가지고 있다. 시카고와 치클라요는 그의 인생 궤적을 이루는 두 중심점이다. 미국의 출생지와 그가 교구장을 지낸 페루의 도시다. 그는 "두 곳의 유일한 차이점은 몇 글자뿐이다"라고 농담하곤 했다. 소셜 미디어에는 프레보스트가 말을 타고 페루의 외딴 본당들을 방문하는 두 장의 사진이 퍼져 있다. 그는 한 손으로 고삐를 잡고 있다. 한 사진에서는 아이들이 말을 탄 그를 맞이하고, 다른 사진에서는 그가 배우처럼 선글라스를 쓰고 있다. "교황은 페루인입니다. 하느님은 페루를 사랑하십니다!"라고 디나 볼루아르테 페루 대통령은 리마에서 첫 성명을 내놓으며, 레오 14세 교황이 "선택과 신념의 페루인"이라고 덧붙였다.

이렇게 열광을 보내는 순간 시카고 시장도 뒤지지 않는다. 브랜던 존슨 시장은 "교황을 포함하여 모든 좋은 것은 시카고에서 나온다"라고 소셜 미디어에 올렸다. 기념품 가게에는 "친절한 시카고 교황"이라는 영어 문구가 적힌 티셔츠가 등장하고, 기자들은 레오 14세가 자란 평범한 교외 지역을 상세히 보도하기 시작했다. 애국적인 할리우드 영화에서나 나올 법한 단독 주택들, 패스트푸드점, 슈퍼마켓, 라틴계와 아프리카계 미국인들이 소개됐다. 프레보스트가 자주 찾았지만, 최근에 문을 닫은 아우렐리오스 피자 가게도 있었다. 소개된 장소 중에는 어린 로버트 프랜시스가 부모님과 두 형과 함께 주일마다 앞줄에 앉아서 미사에 참례하던 오래된 성모 승천 성당도 있었다. 성당 건물은 내려앉았고 내부는 약탈당한 듯 황폐하며, 지붕에는 구멍이 뚫려 있고 제단에는 낙서가 그려져 있었다. 제2차 세계대전 이후 한때 번성했던 가톨릭 신흥 주거 지역의 본당으로 사회 중심지 역할을 했던 장소지만, 이제 세월이 흘러 가톨릭 신자들은 소수가 되었고, 성모 승천 성당은 매물로 나와 있다.

교황이 어린 시절 다녔던 시카고의 성모 승천 성당은 현재 폐쇄되었다.

3

제대가 된 다리미판
롭이 아우구스티노를 만나다

롭, 아니 로버트는 운전하는 걸 좋아한다. 테니스를 꽤 잘 치며 특히 백핸드가 좋다고 한다. 그는 야구팬이며, 좋아하는 팀은 시카고의 화이트삭스다. 이탈리아에서는 에이에스AS 로마 축구팀을 응원한다. 그는 여러 언어를 구사하며 눈에 띄는 미국식 억양 없이 외국어를 말하고, 독일어도 읽고 이해한다. 인터뷰를 좋아하지 않으며, 스포트라이트를 받는 것보다 둘째 줄에 서는 것을 선호한다. 두꺼운 저서를 내지 않았지만, 책을 많이 읽는다. 그리고 콘클라베 기간에는 산타 마르타의 집에서 식사 후 설거지를 돕기도 했다. 지금은 신화가 만들어지는 중요한 시기여서 이러한 개인적 삶의 단편들이 반드시 전부 사실일 필요는 없지만, 이런 것이 전부 합쳐져 하나의 이미지를 만들어 낸다. 바로 '평범한' 교황의 이미지다. 그는 엉뚱한 유머 감각의 소유자며 웃음소리가 크고, 이른 새벽에 일어나 아침 식사로 우유에 시리얼을 먹는다고 한다. 그리고 작년 가을 흥행에 성공하고 여러 상을 휩쓴 영화 「콘클라베」도 시스티나 성당에 들어가기 전에 이미 봤다고 한다.

간단히 말해 평범한 사람이다. 그러나 그런 일화들이 로버트 프랜시스 프레보스트의 특별함을 가릴 위험이 있다. 그는 특별했기에, 투표권을 가진 추기경들이 이른바 비주류였던 그를 믿을 수 없을 만큼 짧은 시간 안에 선출하기로 합의했다. 역사상 최초의 베이비붐 세대 교황은 두 세계를 아우르는 사람이다. 그의 삶은 북미와 남미, 서구 세계와 글로벌 사우스, 교회 전통에 대한 사랑과 사회정의에 대한 열정을 모두 통합한다. 그는 교회 내 다양한 흐름 사이에서 다리를 놓을 수 있는 능력이 있으며, 이는 요즘 일부 사람들이 관찰하듯 베네딕도 16세와 프란치스코 교황을 합쳐 놓은 듯하다. 또한 그는 실용적이며, 사목과 선교 경험이 있고, 다양한 세계 교회의 모습과 로마 교황청의 절차도 잘 알고 있다. 그의 모교인 시카고 신학대학이 2023년 프레보스트가 추기경으로 서임되었을 때 언급했듯이, 그의 삶에는 "대학 강의실에서 라틴아메리카의 빈민가를 거쳐 최고위 행정직에 이르기까지" 매우 다양한 관점이 집약되어 있다. 영적으로 그는 그리스도교의 가장 통찰력 있는 사상가 중 한 명인 성 아우구스티노에 뿌리를 두고 있으며, 이로써 베네딕도 16세 교황의 시기처럼 교부들과 초대교회의 신학이 다시금 주목받게 되었다.

로버트 프랜시스 프레보스트는 1955년 9월 14일 시카고의 25번가와 프레리가 모퉁이에 있는 머시 병원에서 태어났다. 형 루이스 마틴과 존 조지프도 같은 병원에서 태어났다. 부모인 루이스 매리어스 프레보스트와 밀드러드 애그니스 마르티네스 프레보스트는 모두 이민자 가정 출신이었지만 미국에서 태어났다. 그들은 1949년에 사들인 벽돌집에서 살았는데, 대출금을 다 갚을 때까지 오랫동안 매달 할부금으로 42달러를 내야 했다. 부모 모두 신앙심이 깊었다. 아버지는 교리 교사로 활동했고, 여덟 살 연상인 어머니는 성가대원으로 활동하면서 본당을 돕는 전형적인 '성당 자매님'이었다. 그녀는 한동안 '성모 마리아 제대회와 묵주 기도회'의 회장이었다. 레오 교황의 부모는 모두 1990년대에 세상을 떠났다.

교황의 아버지에 관해 이야기해 보자. 그는 교사였다. 이민자와 아프리카계 미국인이 많이 사는 대도시의 남부 교외 지역에서 장학사를 지냈고, 말년에는 시카고 헤이츠에 있는 한 초등학교의 교장으로 재직했다. 제2차 세계대전 중에는 해군으로 복무하며 지중해 전투 작전에 참전했다. 그의 성姓인 '프레보스트'는 프랑스와 이탈리아 북부에서 '프레보스토'라고 불리는 흔한 성으로, 라틴어 단어 '상급자'(praepositus)에서 유래했다. 이 단어는, 독일어로는 교회 용어 '참사회장'(Probst), 세속 용어 '관리인'(Vogt)에 해당한다. 루이스 프레보스트의 아버지, 즉 교황의 할아버지는 1900년경 스물다섯 살에 이탈리아 북부의 피에몬테 지역에서 미국으로 이민을 왔다. 그는 1850년에서 1950년 사이, 고국에서 가난과 굶주림을 피해 미국으로 향했던 천오백만 이탈리아 이민자 중 한 명으로, 뉴욕 항구의 자유의 여신상과 번영과 행복의 약속을 꿈꿨다. 시카고에서 그는 노르망디 출신의 프랑스 이민자의 딸을 만나 결혼했으며, 1920년에 교황의 아버지인 루이스를 낳았다.

어머니 쪽 가계 역시 레오 14세 교황이 과거부터 현재까지 전 세계를 가로지르는 이민자 흐름과 관련 있음을 보여 준다. 그의 어머니 밀드러드 애그니스 마르티네스 프레보스트를 친구들은 '밀리'라고 불렀다. 그녀는 스페인계 출신으로 1912년에 태어나 시카고에서 도서관학을 공부했고, 뒤이어 교육학 석사 학위를 취득했다. 이것은 당시에 그 지역에서 흔한 일이 아니었다. 아들들과는 다르게 야구팀인 '컵스'의 열렬한 팬이었던 것은 그녀의 강한 개성을 보여 준다. 그녀는 사서로 일했고, 그녀의 자매 두 명은 수녀였다. 프레보스트 가족이 살던 사우스 사이드 집에는 사제와 신학생들이 자주 드나들었는데, 이는 단순히 교황의

시카고 교외 지역 돌턴에 있는 교황 부모의 집

부모가 본당 활동을 활발히 했기 때문만은 아니다. 밀드러드의 뛰어난 요리 솜씨 덕분이기도 했다고 한다.

그녀의 스페인 혈통은 이미 언급했다. 하지만 더 복잡하고, 더 미국적인 이야기가 있다. 밀드러드의 아버지는 분명 도미니카 공화국 또는 아이티에서 태어난 것으로 보인다. 현재 인터넷에 떠도는 밀드러드 마르티네스의 출생증명서에는 "아버지의 출생지: 도미니카 공화국"이라고 기재되어 있다. 뉴올리언스의 한 역사가에 따르면, 밀드러드의 부모는 유럽인 후손인 크리올이거나 혼혈 흑인인 물라토였으며, 한때 뉴올리언스에서 가장 가난하고 위험한 지역으로 악명 높은 세븐스 워드에 살았다고 한다. 이곳은 2005년 허리케인 카트리나로 인해 폐허가 된 지구다. 전형적인 가톨릭 동네로 아프리카, 카리브, 유럽에서 온 이민자가 많이 살았다. 1900년경의 문서들은 교황의 외조부인 조지프 마르티네스를 '흑인'으로 분류했으며, 그의 출생지를 '아이티'로, 직업은 '잎담배 제조'라고 밝히고 있다. 그렇다면 세계 시민인 레오 14세의 핏줄에는 아프리카인의 피도 흐르고 있는 것일까? 이 질문에 대한 답은 가계도 연구자들의 기록 조사를 통해 언젠가 밝혀질 것이며, 이미 이와 관련하여 출생, 결혼, 사망 증명서를 찾기 위한 작업이 시작되었다. 분명한 것은 교황이 전형적인 이민자 가정의 역사를 배경으로 하고 있다는 점이다.

일리노이주의 시카고는 당시에도 오늘날과 마찬가지로 미국 중서부에서 가장 활기찬 도시 중 하나였다. 이민자들이 파도처럼 밀려왔다. 1914년까지는 주로 남부 및 동유럽에서 온 미숙련 가톨릭 신자들과 유다인들이, 1940년대부터는 라틴아메리카인들이, 마지막으로 1960년대 중반부터는 아시아인들이 도착했다. 그리고 수십 년에 걸쳐 남쪽에서 북쪽으로 이동한 아프리카계 미국인들의 끊임없는 유입, 즉 '대이주'가 더해졌다. 이질적인 그룹들이 함께 살거나 주변에 살면서 때로는 마찰과 심하게는 소요가 일어났다. 1950년대에는 산업 위기로 실업률이 급증했다. 오늘날의 교황인 로버트 프랜시스 프레보스트가 태어나기 약 2주 전, 시카고 출신의 열네 살 아프리카계 미국인 에밋 루이스 틸은 여름 방학에 미시시피를 방문했다가 인종차별적인 이유로 잔혹하게 살해당했다. 이 사건은 당시 온 나라를 뒤흔들었고, 시민권 운동의 도화선 중 하나가 되었다.

2025년 5월 8일, 교황 선출 다음 날, 교황의 작은 형인 존 조지프 프레보스트(71세)는 시카고 교외의 뉴 레녹스에 있는 자기 집 앞에서, 끊임없이 찾아오는 기자들을 위해 「시카고 선 타임스」 한 부를 들어 올린다. 표지 사진은 성 베드로 대성전의 중앙 발코니에 서 있는 동생 '롭'이다. 존 조지프와 그의 동생은 정말 닮았다. 그는 "주일마다 우리는 함께 미사에 갔습니다. 우리 세

교황의 형 존 프레보스트

교황의 형 루이스 프레보스트

형제 모두 복사였습니다"라고 말한다. 어린 시절은 "평범했다"라면서, "롭은 열세 살에 신학교에 들어갔지만, 우리는 매일 통화하며 가족 이야기를 했습니다"라고 회상한다.

세 형제는 어렸을 때부터 저마다 무엇을 하고 싶은지 서로 알고 있었다고 한다. "롭은 걸음마를 시작할 때부터 사제 성소를 품고 있었습니다. 그는 다리미판을 제대 삼아 미사 놀이를 즐겨 했어요. 둥글고 알록달록한 과자인 '네코 웨이퍼'를 성체처럼 나누어 주었죠." 롭은 어린 시절부터 화이트삭스의 팬이었다고 한다. "우리는 롭이 전 세계를 돌아다니니까 이런 마음이 사라질 줄 알았는데, 아니었습니다. 집에 올 때마다 시즌 성적이 어떤지 바로 물어봅니다." 그 조그만 동생이 언젠가 교황이 될 것이라고는 꿈에도 생각하지 못했다고 했다. "우리는 그가 훌륭한 일을 할 것이라고 믿었지만, 이렇게 높은 자리까지는 아니었습니다." 콘클라베 전, 그들은 전화 통화를 하면서 '만약의 경우'에 대해 이야기했다고 한다. "나는 동생에게 네가 첫 번째 미국인 교황이 될 수도 있다고 말했는데, 그는 헛소리라며 그런 일은 절대로 일어나지 않을 거라고 했습니다. 하지만 그러고 나서 그는 만약 그것이 하느님의 뜻이라면 어떤 이름을 택해야 할지 제게 물었습니다. 저는 그에게 레오라는 이름은 피하라고 조언했습니다. 그러면 13세가 되는데, 그 숫자가 불운을 가져온다고 생각했거든요. 하지만 제가 계산을 잘못했더군요. 동생이 더 정확히 세었나 봅니다." 교황의 형은 신앙심이 깊으면서도 약간 미신적인 면이 있기도 하다. 플로리다에 사는 큰형 루이스 마틴은 건강이 좋지 않아 본의 아니게 존 조지프가 프레보스트 가족의 대변인 역할을 맡게 되었다.

어린 로버트 프랜시스는 본당 부속 학교에 다녔다. 1962년 말의 한 학급 사진에서 급우들 사이에 있는 그를 볼 수 있다. 일곱 살의 그는 흰 셔츠와 넥타이를 매고 있다. "그는 학교에서 매우 공부를 잘했습니다"라고 존 조지프는 회상한다. "그리고 술래잡기, 리시코와 모노폴리 같은 보드게임을 좋아했습니다."

이는 동창들의 기억과 일치한다. 그는 "학급에서 가장 똑똑"했지만, 장난기도 넘쳤다고 한다. 조지프 메리골드는 "그가 연필로 내 뒷머리를 계속 꼭꼭 찔렀어요"라고 주장한다. 그리고 메리앤 앙가롤라는 "그는 노래도 잘 불렀고, 사람들을 잘 챙겼으며 삶에서 선한 것을 추구했다"라고 기억한다.

8학년이 끝난 후 로버트 프랜시스는 세인트오거스틴 소신학교로 전학을 간다. 아우구스티노회에서 운영하는 미시간주의 홀랜드에 있는 작은 중고등학교였다. 당시 그보다 한 학년 위였던 누군가는 교황을 또 다른 애칭인 '밥'으로 부르며 이렇게 이야기했다. "그는 다재다능했고 모든 과목에서 성적이 좋았습니다. 그에게는 모든 것이 쉬웠으며, 우리 모두를 이끌어 주었습니다. … 영어 작문에 문제가 있으면, 프레보스트에게 가라. 수학이 어렵다고? 프레보스트에게 가라. … 그리고 밥은 우리를 도와주었습니다." 그는 프랑스어를 유창하게 구사했고, 학생회, 학생 대표, 도서관 동아리, '선교 동아리' 등에서 활동했다고 한다. 그는 "소박한 성격에 담백한 유머 감각을 지닌 인물"이었지만 동시에 "차분하고 내성적"이었다고 한다.

그가 히포의 성인의 사상과 처음으로 깊이 접촉한 것은 세인트오거스틴 소신학교 시절이었을 것이다. 프레보스트는 이 학교를 아우구스티노회 입회를 위한 예비 학교로 여겼다. 하지만 졸업 후 곧장 수도회에 입회하지 않았다. 그는 먼저 필라델피아 인근의 가톨릭 사립대학인 빌라노바 대학교에 진학하여 수학과 철학을 공부했다. 1977년 여름 학기에 그는 존 카푸토 교수의 '독일 실존주의와 현상학' 강좌를 수강했다. "그는 키르케고르, 니체, 후설, 하이데거에 관한 이해를 바탕으로 새로운 임무를 수행할 준비가 충분히 되어 있습니다"라고 교수는 확신한다.

두 전공에서 학위를 취득한 후 스물두 살에 프레보스트는 아우구스티노회에 입회했다. 시카고에 있는 '착한 의견의 성모' 관구의 아우구스티노회 수련원에서 그를 받아들였다. 1981년 8월, 그는 종신 서원을 했고, 고향의 가톨릭 신학대학원에서 신학을 공부했다. 스물일곱 살에 그는 수도회의 지시로 안젤리쿰 Angelicum에서 교회법을 전공하기 위해 로마로 파견됐다. 교황청립 성 토마스 아퀴나스 대학교라고도 불리는 안젤리쿰은 도미니코회가 운영하며 포로 로마노와 콜로세움에서 걸어서 갈 수 있는 거리에 있다.

1982년, 그는 벨기에 출신의 교황청 대주교에게서 사제품을 받았다. 그리고 요한 바오로 2세 교황을 만날 기회도 있었다. 한 사진에는 이미 이마 위 머리숱이 옅어진 젊은 성직자가 수줍게 바라보며 폴란드 출신 교회의 수장에게 손을 내미는 모습이 담겨 있다. 1987년에 프레보스트는 「성 아우구스티노 수도회 내 지역 수도원장의 역할」에 관한 교회법 논문으로 박사 학위를 취득했다.

이 젊은 미국인의 영성을 조금이나마 헤아려 보기 위해, 건조한 데이터의 나열을 넘어 그 이면을 들여다보자. 그는 왜 사제가 되었을까? 그에게 고뇌는 없었을까? 물론 있었다. 훗날 추기경이 된 프레보스트는 그의 드문 인터뷰에서 이렇게 고백했다. 한때 다른 사람들처럼 결혼해서 가정을 꾸리고 싶은 갈망을 느낀 적이 있었다는 것이다. "제가 자라 온 가족에게서 보던 가정 말이죠." 그는 이 문제에 대해 아버지와 상의했다고 한다. "아버지는 당신의 경험을 말씀해 주셨습니다. 예를 들어, 어머니와의 친밀함이 아버지에게 얼마나 중요했는지. 하지만 예수님과의 관계, 예수님을 아는 것이 얼마나 중요한지에 관해서도 말씀해 주셨습니다. 저는 어쩌면 선생님들이나 다른 사제들에게 이런 이야기를 수백 번 들었을 수도 있습니다. … 하지만 아버지가 매우 인간적이면서도 매우 깊이 있는 방식으로 말씀해 주셨을 때, 많은 생각이 들었습니다. 아버지는 수도회에서와 같은 '영적 동반자'는 아니었지만, 누구나 아버지와는 자신이 품고 있는 고뇌를 매우 구체적으로 이야기할 수 있었습니다."

어느 이탈리아 방송과 한 같은 인터뷰에서 평소 그토록 절제했던 프레보스트 추기경은 아우구스티노회에 끌린 이유도 털어놓았다. 그는 아우구스티노회에 속한 사람을 몇 명 알고 있었고, 그 공동체에서 '함께 사는 삶'의 가치를 매우 중요시한다는 점이 마음에 들었다고 했다. 하지만 십 대 시절에 이미 세인트 오거스틴 소신학교에 다니면서 그 공동체의 삶을 증언하는 훌륭한 본보기들을 만났을 것이라고 여기는 것이 타당할 것이다. 2025년 5월 11일, 교황으로서의 첫 주일 삼종기도에서 레오 14세는 젊은이들에게 자신의 성소를 찾도록 도움을 주는 것이 얼마나 중요한지 강조했다. 실제로 성 그레고리오 대교황이 예전에 가르쳤던 대로다. "사람들은 자신을 사랑하는 분의 사랑에 응답합니다." 교황은 "우리 공동체에서 젊은이들이 자신의 성소를 찾아가는 여정에서 환대와 경청과 격려를 발견하는 것이 중요합니다. 하느님과 자신의 형제자매에게 고귀하고 헌신적으로 봉사하는 신뢰할 수 있는 모범에 의지할 수 있어야 합니다"라고 강조했다. 이는 젊은 로버트 프란시스가 당시 시카고에서 그런 모범의 인물들을 만났다는 이야기처럼 들린다.

아우구스티노회는 13세기에야 생겨나 당대의 다른 위대한 탁발 수도회들과 어깨를 나란히 하게 되었지만, 그 뿌리는 훨씬 더 깊다. 이 수도회는 여러 번 언급한 히포의 성 아우구스티노의 규칙을 따르며, 신학적이며 이상적으로 이 초기 교부의 전통에 온전히 속해 있기 때문이다. 따라서 이 공동체는 파란만장한 삶을 살았던 한 인물을 영적 지도자로 삼고 있다. 그는 오늘날에도 사람들, 특히 젊은이들에게 매력적인 인물이다. 그 삶을 대략 묘사하자면 다음과 같다. 아우구스티노는 로마제국의 북아프리카 속주에서 방탕한 청소년기를 보냈고, 아버지는 이교도, 어머니는 그리스도인이었다. 거리의 패거리들과 어울리고, 카르타고에서 공부했으며, 키케로는 많이 읽었지만 성경은 거의 읽지 않았다. 여자관계에 얽히고, 이단 종파와 어울리며, 로마와 밀라노에서는 수사학을 가르쳤다. 위기를 겪으면서 그때까지 이루어 놓은 것을 전부 내려놓고, 번개 같은 신비로운 회심을 경험한 후 북아프리카로 돌아가 가난하게 살았다. 그는 문학적 천재성을 발휘해 그리스도교 호교서를 집필했고, 주교가 되었다. 서고트족이 로마를 점령하자 충격을 받았으며, 오늘날 알제리의 안나바인 그의 도시가 반달족에게 포위되었을 때 하느님의 품으로 돌아갔다.

젊은 로버트 프레보스트가 아우구스티노라는 인물과 그 인생사에 매료되었을 것이라고 쉽게 상상할 수 있다. 그가 성 베드로 대성전의 중앙 발코니에서 자신을 "성 아우구스티노의 아들"로 소개했을 때 그 감정을 잠시 엿볼 수 있었다. 그의 독일인 전전임자 베네딕도 16세도 자기 문장紋章에 조개껍데기로 히포의 이 다재다능한 능력자를 암시했으며, 2006년의 한 인터뷰에서는 성인의 삶을 그리는 영화를 만들어야 한다고 말하기도 했다.

무엇보다 아우구스티노의 『고백록』에 담긴 수사학적 힘과 리듬, 내면의 방랑과 고뇌는 포스트모던 시대의 사람들에게 매우 독특한 방식으로 다가온다. "오 주님, 당신께서는 당신을 향해 우리를 창조하셨기에, 우리 마음은 당신 안에 안식을 얻기까지 불안하나이다." 전체적으로 방황과 혼란 속에서 서정적 자아가 하느님을 향해 숨 막히도록 쏟아내는 찬가처럼 읽히는 이 책은, 사실상 자서전이라는 장르의 탄생으로 여겨진다.

『고백록』과 비교해 보면, 아우구스티노가 작성했고 그의 이름으로 명명된 수도회뿐만 아니라 다른 많은 공동체도 따르는 공동생활 규칙은 놀랄 만큼 간결하다. 모든 것을 세세히 규정하기보다, 성경의 단 한 문장으로 충분한 이상理想을 목표로 삼는다. "모든 것을 공동으로 소유하였다. … 저마다 필요한 만큼 나누어 받곤 하였다"(사도 4,32.35 참조). 아우구스티노에게 형제적 공동생활의 알파요 오메가는 순명이 아니라 사랑이다. 그는 참회 행위의 지나침을 경계하며 화합을 강조한다. "절대로 다투지 말며, (다투게 되더라도) 속히 그만두어야 한다." 또한 그는 "복장을 유별나게 하지 말지니, 옷으로써 호감을 사려 하지 말고 생활로써 남의 마음에 들게 할 것이다"라고 명한다. 규칙의 결정적인 지향점은 이미 첫머리에 제시되어 있다. "너희가 하나로 모여 있는 첫째 목적은 한집안에서 화목하게 살며, 하느님 안에서 한마음 한뜻이 되는 것이다." 여기에 바로 새 교황의 정신적 고향이 있다. 그는 아우구스티노처럼 대륙을 넘나들며 살았다. 바로 그렇기에 그는 믿는 이들의 공동체를 소중히 여길 것이다.

4

고무장화를 신고 말을 타며

선교사 로버트 프레보스트

히포의 성 아우구스티노가 그의 삶을 바꾸는 회심을 경험했을 때, 그의 나이는 서른둘이었다. 프레보스트는 서른 살쯤에 '하나의' 새로운, 아니 '그' 새로운 세계를 발견했다. 그의 두 번째 고향인 페루다.

그의 수도회는 1985년에 그를 안데스산맥 북부에 있는 피우라주의 출루카나스 선교지로 파견했다. 그는 로마에서 박사 논문을 마저 써야 했지만, 그곳 사목 활동에 몰두했다. 어머니에게서 물려받은 스페인어 실력 덕분에 그는 즉시 현지에 투입될 수 있었다. 그런데 놀랍게도, 그는 이미 다섯 살 때부터 페루를 꿈꾸고 있었다. 그곳에서 일하던 삼촌이 어린 그에게 안데스산맥에서 가져온 알록달록한 털모자를 선물했던 것이다. 프레보스트는 이 때문에 "나는 아주 어린 나이에 페루 교육을 받았다"

라고 농담처럼 말하기도 했다. 제2차 바티칸공의회(1962~1965) 이후, 미국 아우구스티노회는 페루에 거점을 마련했다. 프레보스트 신부는 가난한 본당의 보좌 신부로 봉사하면서 동시에 지역 주교의 비서로 일했다. 출루카나스에는 어머니와 같은 이름인 밀드러드라는 대녀가 아직 살고 있다. 그녀는 그의 옛 복사의 딸인데, 당시 그 복사가 프레보스트에게 딸의 대부가 되어 달라고 부탁했다고 한다. "그분은 사제가 대부가 되는 것이 흔한 일이 아니었음에도 망설임 없이 수락했습니다. 그분은 지금도 저에게 편지를 쓰고 선물을 보내 줍니다"라고 그녀는 말한다.

페루 북부에서 이 년간 지낸 후 잠시 공백기가 있었다. 프레보스트는 로마에서 교회법 박사 논문 최종 심사를 받아야 했고, 그 후 수도회는 그를 올림피아 필즈에 있는 '착한 의견의 성모' 아우구스티노 수도회 관구 성소 책임자 겸 선교 책임자로 임명했다. 그러니까 그의 고향인 일리노이주로, 가족과 가까운 곳으로 돌아간 셈이었다. 하지만 그는 그곳에 오래 머물지 않았고, 1988년에 다시 페루로 돌아왔다. 이번에는 페루에서 리마 다음으로 역동적인 대도시, 북부 해안의 트루히요였다. 이곳은 일 년 내내 덥고, 구시가지는 식민지 시대의 궁전과 성당들로 가득하며, 콜럼버스가 아메리카 대륙에 도착하기 이전 여러 문명의 본산이기도 하다. 당시 신학생이었고, 현재 출루카나스에서 사목 활동을 하고 있는 라미로 카스티요는 이곳에서 프레보스트를 만났다. 카스티요는 당시 그가 수많은 야외 미사를 봉헌했고, 말을 타고 가서 또 걸어서만 갈 수 있는 산간 마을 여러 곳을 자주 방문했으며, 농부들이 마련해 준 짚자리에서 밤을 지내곤 했다고 이야기한다.

프레보스트는 1988년부터 1999년까지 십일 년 동안 트루히요에 머물렀고, 여러 임무를 동시에 또는 차례로 수행했다. 그는 출루카나스, 이키토스, 아푸리막 교구에서 온 아우구스티노회 지원자들의 양성 책임을 맡았다. 또한 그는 수도 공동체의 장상, 양성 책임자, 종신 서원 수련자들의 선생이기도 했다. 그 밖에 트루히요 대교구의 법원 대리와 신학교의 교회법, 교부학, 윤리신학 교수도 겸임했다. 게다가 도시의 가난한 변두리 본당의 사목자이자 또 다른 본당의 사목 대리로 봉사했다. 카스티요는 몇 년 뒤 프레보스트에게 이렇게 말했다고 한다. "신부님은 페루인이 아니기 때문에 절대 주교가 되지 못할 겁니다!" 그러자 프레보스트는 이렇게 대답했다. "내가 페루 사람이 되지 않을 거라고 누가 말했나요?"

카스티요 신부는 「라 스탐파」 신문과 한 인터뷰에서 "사실은 프레보스트가 조금 무서웠다"라고 고백했다. 그는 "친절하고 솔직했지만, 우리의 학업 문제만큼은 가차 없었어요"라고 했다.

치클라요 대성당 앞에서 사람들이 전임 주교의 교황 선출을 축하하고 있다.

그는 프레보스트가 언젠가 자신을 "쫓아낼지도" 몰라서 두려웠다고 했다. 하지만 두 성직자 사이에는 우정이 싹텄고 그 우정은 오늘날까지 이어지고 있다. "그분은 우리의 교수님일 뿐만 아니라 우리의 운전기사이기도 했습니다. 고물차를 몰고 와서 우리를 학교까지 데려다주었습니다." 그러고는 그는 곧바로 산악 지대에 있는 외딴 마을들에서 선교 활동을 시작했다고 한다. "튼튼한 신발과 배낭이 필수품이었죠. 말을 타고 가는 길도 있지만, 대부분은 몇 시간이고 걸어서 산길을 올라갔습니다." 수단 대신 티셔츠에 기타를 멘 차림이었다. 외부 세계와 거의 단절된 사람들은 그 방문에 매번 기쁨을 감추지 못했다고 한다. "우리는 그곳에서 깊은 신앙심과 무한한 환대를 만났습니다. 위험한 것이 있다면 길가의 돌멩이나 야생동물 정도였고, 누구도 우리를 거부하거나 위협한 적이 없었습니다"라고 카스티요는 말한다. 하지만 시카고 출신의 신부와 그의 제자들은 험난한 산악 지대만 다닌 것이 아니었다. 당시 페루는 경제 위기, 무장 게릴라 조직인 '빛나는 길'(Sendero Luminoso)의 테러 그리고 알베르토 후지모리 대통령의 권위주의적 통치로 격동의 시기를 겪고 있었다.

"그 시절 대부분의 마을에는 전기가 없었습니다. 성토요일의 부활 성야 미사를 그나마 빛이 있을 때인 오후에 시작했습니다. 그때 그곳은 우기였습니다. 한번은 폭우가 쏟아지는 가운데 어느 마을에 도착했던 기억이 납니다. 프레보스트 신부님은 공터 한가운데에 불을 피우고 기도를 시작했습니다. 정말 아름다웠습니다." 하지만 트루히요의 성직자들의 산행은 그저 낭만을 위해서는 아니었다. 그들의 목표 중 하나는 자녀를 학교에 보내도록 가난한 지역의 사람들을 설득하는 것이었다. 카스티요는 설명한다. "우리 지역은 한동안 엘니뇨 기상 현상에 시달렸고, 농부들은 그 때문에 힘들었습니다. 프레보스트 신부님은 기후 변화가 가난한 사람들에게 위협이 된다는 것을 이해했고, 교육이 그들에게 자립할 기회를 준다고 생각했습니다."

그리고 다시 한번 페루를 떠나 있었는데, 이번에는 십오 년으로 길었다. 1999년에 프레보스트는 시카고로 돌아왔다. 그의 착한 의견의 성모 관구가 그를 관구장으로 선출했기 때문이다. 이 년 반이 지난 후, 아우구스티노회 총회는 그를 총장, 즉 전 세계 아우구스티노회의 최고 책임자로 선출했다. 몇 년 전만 해도 페루 산악 지대에서 말을 타고 다니던 이 사람은 로마의 성 베드로 광장 바로 옆에 있는 수도회의 총원으로 이주하여 공동체의 총책임을 맡게 되었다. 이 공동체는 오늘날 기준으로 이천오백 명이 넘는 사제와 평수사가 소속되어 있으며, 전 세계 여러 지역에서 특히 사목과 교육 분야에서 활동하고 있다. 그의 교회법 전문 지식과 라틴아메리카 경험은 새로운 직무에 큰 도움이 되었을 것이다. 동시에 그는 베드로의 직무에도 도움이 될 귀중한 지도자 경험을 쌓을 수 있었다. 한 수도회 총장은 교황보다 훨씬 자주 세계 곳곳을 다니며 전 세계 교회를 속속들이 알게 된다. 또한 그는 마음대로 통치할 수 없다. 특히 아우구스티노회는 각 회원의 개성을 존중하고, 민주적으로 규정된 공동생활을 중시한다. 평수사들도 사제들과 동등한 권리와 투표권을 가지고 있으며, 수도회에서 어떤 직책이든 맡을 수 있다.

교황 선출 후, 쿠바의 성직자 에밀리오 아랑구렌 에체베리아는 「바티칸 라디오」와 한 인터뷰에서 아우구스티노회 최고 책임자로서 프레보스트의 활동에 대한 인상을 전했다. 그는 2005년에 아바나의 추기경을 수행하여 로마에 갔는데, 그들은 파올로 6세가 25번지에 있는 아우구스티노회 총원에서 지냈다고 한다. "그곳에서 저는 프레보스트 총장을 만났고, 여러 번 함께 식사했습니다. 그때 저는 그분에게 쿠바에 다시 아우구스티노회 지부를 설립해 달라고 청했습니다. 오랫동안 그곳에는 수도회가 없었거든요. 그리고 이 년 후 아우구스티노회가 실제로 돌아왔습니다. 그 만남이 열매를 맺은 것이죠."

독일 아우구스티노회 관구장인 루카스 슈미트쿤츠도 신중한 프레보스트 신부를 만났다. 동료 형제의 교황 선출 후 그는 독일 주교회의가 설립한 인터넷 포털(katholisch.de)과 한 인터뷰에서 그를 "매우 편안하고 붙임성 있는 사람"이라고 평했다. "저녁에 함께 앉아 있기에도 좋은 사람이고, 유머 감각이 뛰어납니다." 프레보스트는 관구 총회에 참석했고, 독일의 수도원과 분원들을 끊임없이 방문했다고 한다. "그분은 자신이 최고 책임자이니 이제 무엇을 해야 할지 지시하는 사람처럼 행동하지 않았습니다. 그분은 경청하고, 사람들을 살피며, 주변 사람들에게 관심을 기울이는 사람입니다." 슈미트쿤츠는 현재의 교황을 독일 힐데스하임 교구에 있는 수도회 가족 교육 센터로 안내한 적이 있다고 한다. "그때 저는 그분이 얼마나 세심하게 우리의 활동과 공동생활에 관심을 보이는지 깨달았습니다. 그분의 태도는 겸손합니다. 그분은 무턱대고 말을 늘어놓지 않고, 깊이 생각하고 진중하게 말합니다."

프레보스트는 자신의 방문에 대해 '시찰'이라는 용어를 좋아하지 않았다고 관구장은 회상한다. "그분은 형제들을 알아 가는 것이 중요하다고 생각했습니다." 프레보스트는 이렇게 물으며 알고 싶어 했다고 한다. "이 공동체는 어떻게 살아가고 있습니까? 여러분은 여기에서 아우구스티노회 형제들과 어떻게 지내십니까?" 그는 모든 수도원이 최소한 세 명으로 구성되어야 하고, 네 명이면 더 좋다는 점을 매우 중요하게 여겼다. "특히 작은 관구에서는 누군가를 혼자 외딴곳으로 보내서 무언가를 시작하거나, 일이 마무리되는 곳에 한 사람을 남겨 두려는 유혹이 큽니다. 그분은 이렇게 고군분투하는 것을 바라지 않았습니다."

그는 직무상 전 세계를 두루 다니며 수도회 회원들을 자주 방문했다. 빈의 아우구스티노회 수도원장인 도미니크 자드라베츠는 그가 "일 년 중 4분의 3은 여행 중이었다"고 짐작한다. 아시아에서는 특히 필리핀을 자주 방문했는데, 아우구스티노회가 이미 16세기부터 활동하고 있는 곳이다. 호주와 캐나다는 적어도 두 번 방문했으며, 아프리카에서는 나이지리아와 탄자니아에, 라틴아메리카에서는 멕시코에 집중했다. 프레보스트는 유럽에서도 독일과 오스트리아를 포함해 수도회가 활동하는 여러 지역에 끊임없이 모습을 드러냈다. "그분은 바이에른 숲 깊숙한 곳에 있는 외딴 분원까지도 잘 알고 있습니다." 자드라베츠는 수도회 최고 책임자가 대개 차를 몰고 왔다고 회상한다. "그렇게 하면 그 지역을 바로 알아갈 수 있기 때문입니다."

'로버트 신부'가 로마에 머무를 때, 그는 길만 건너면 바티칸에 갈 수 있었다. 예수회원들조차 아우구스티노회 총장만큼 성베드로 대성전과 가까이 있지는 않았다. 그는 이 시기에 '성스러운 궁'(Sacri Palazzi) 바티칸을 곧잘 엿볼 수 있었을 터이다. 격동의 시기였다. 2005년 요한 바오로 2세의 선종 후, 독일인 요제프 라칭거가 교황으로 선출되고, 영광과 시련이 교차했던 바이에른 출신 교황의 재임 기간이었다. 프레보스트는 2007년 총장으로 재선되어 그 모든 사건을 함께 겪었다. 그리고 2013년 베네딕도 16세의 사임은 로마와 보편 교회에 큰 충격을 주었고, 전례 없는 라틴아메리카 출신 교황의 선출로 이어졌다. 인터넷에 떠도는 한 영상은 2007년에 베네딕도 16세가 이탈리아 북부 파비아를 방문했을 때 프레보스트가 동행하는 모습을 보여 준다. 파비아는 성 아우구스티노의 유해가 8세기에 옮겨 와 안치된 곳이다. 검은 수도복을 입은 아우구스티노회 수사는 교황 옆에서 재빠르게 걸으며 이것저것 보여 주고, 그와 함께 책을 훑어본다. 그의 표정은 매우 친절하며, 이미 백발이 성성했다.

베네딕도 16세는 파비아에서 아우구스티노에 관해 "그는 항상 구도자"였다고 강론했다. "아우구스티노 성인은 주어진 삶에 만족하지 않았고, 다른 모든 사람이 사는 대로 살지 않았습니다. 그는 항상 진리를 향한 물음에 이끌렸습니다. 그는 진리를 찾고 싶어 했습니다. 인간이 무엇인지, 세상이 어디에서 왔는지, 우리 자신이 어디에서 와서 어디로 가는지, 그리고 우리가 어떻게 참된 삶을 찾을 수 있는지를 밝혀내고자 했습니다."

2013년 8월 말, 로마에서는 프레보스트 신부의 후임자를 찾기 위한 총회가 시작되었다. 이를 계기로 당시 새 교황인 프란치스코는 참석자들과 함께 로마 시내의 산타고스티노 성당에서 미사를 집전했고, 이 아르헨티나 출신 교황 역시 아우구스티노를 특징짓는 '영적 갈증'이 오늘날의 그리스도교 신자에게도 있어야 한다고 역설했다. "마음 깊은 곳을 들여다보고, 내면을 들여다보며 자신에게 물어보십시오. 당신은 위대한 것을 갈망하는 마음을 품고 있습니까, 아니면 세상의 것에 마음이 무뎌졌습니까? 당신의 마음은 찾고자 하는 '영적 갈증'을 간직했습니까, 아니면 결국 그것을 위축시키는 세상의 것들에 질식하도록 내버려두었습니까? 하느님은 당신을 기다리고 계십니다. 당신을 찾고 있습니다. 당신은 그분께 무엇이라고 대답하겠습니까?"

새로운 총장을 선출한 총회가 끝난 직후, 프레보스트는 페루가 아닌 고향인 시카고 관구로 돌아갔고, 양성 책임자 등 여러 소임을 맡았다. 이제 그가 막중한 책임자 자리에 앉을 일은 없을 것 같았다. 그는 나중에 바티칸 매체와 한 인터뷰에서 "내 삶의 한 측면은 제가 어떤 봉사를 요청받을 때마다 그저 항상 '예'라고 대답하는 것입니다"라고 말했다. 그리고 요청받지 않을 때는 그냥 다시 원점으로 돌아갔다.

그러나 부에노스아이레스 출신의 새 교황은 이 유능한 범아메리카인을 계속 주시하고 있었다. 프란치스코 교황은 예수회 소속이었고, 자신도 한때 수도회의 아르헨티나 관구장을 역임한 후 어느 순간 수도회 안에서 잊혔다가 뜻밖의 주교 임명으로 다시 불려 나왔던 경험이 있다. 교황은 이제 프레보스트 신부에게도 비슷한 깜짝 선물을 준비했다. 그는 2014년 11월, 그를 치클라요 교구의 교구장 서리로 임명했다. 전혀 예상하지 못한 또 다른 고향 페루로의 귀환이었다. 12월 12일 과달루페의 성모 마리아 축일에 프레보스트는 자신의 교구 대성당에서 주교로 서품되었다. 약 일 년 후 그는 공식적으로 도시의 교구장 주교가 되었고, 미국 여권 외에 페루 시민권도 취득했다.

프란치스코가 프레보스트 신부의 후원자로 나선 것은 그에게도 놀라운 일이었다. 프레보스트는 2023년 한 강론에서 인정했듯이, 그들은 이미 오래전부터 서로 알고 지냈고 "의견이 항상 일치하지는 않았기" 때문이다. 베르골료가 교황이 되었을 때, 프레보스트는 수도 형제들에게 "다행이에요. 나는 절대 주교가 되지 않을 겁니다"라고 말했다고 한다. 앞서 언급한 로마에서의 미사 후 프란치스코는 그에게 "이제 좀 쉬세요"라고 말했는데, 당연히 프레보스트는 그 발언을 교황이 곧 자신에게 중책을 맡길 것이라는 신호로 받아들이지 않았다. 오히려 그 반대였다. 하지만 그는 페루로 돌아간 것을 물론 기뻐했다. 그것을 하느님께서 자신에게 주신 "가장 큰 선물 중 하나"이자 "큰 보물"이라고 했다. 그는 교황의 발언에 대해 회고하며 농담했다. "언제쯤 그 '쉬는 시간'이 찾아올지 모르겠습니다."

2018년 페루 모투페에서 미사를 봉헌하는 로버트 프레보스트 주교

"한 분이신 그리스도 안에서 우리는 하나"(In Illo uno unum)는 프레보스트 주교의 사목 표어였으며, 교황이 되어서도 이 사목 표어를 유지했다. 이는 성 아우구스티노의 시편 128편에 관한 강해에서 인용한 구절로, "우리 그리스도인들은 비록 많지만, 한 분이신 그리스도 안에서 하나"라는 점을 강조한다. 세계를 넘나들었던 프레보스트, 아니 레오 교황이 특히 일치를 강조하는 점이 흥미롭다. 프레보스트가 주교 시절에 만들었던 문장紋章도 교황이 된 후에 그대로 유지했다. 문장은 두 부분으로 나뉜 방패 모양이다. 왼쪽에는 파란색 바탕에 은빛 백합이 그려져 있는데, 이는 성모 마리아 공경을 상징한다. 오른쪽에는 아우구스티노회의 표장인 화살에 꿰찔린 불타는 심장이 있다. 이는 "당신께서는 사랑으로 제 마음을 찌르셨습니다"라는 『고백록』의 구절과 상응한다. 심장 아래에는 책이 보이는데, 이는 성경을 의미할 뿐만 아니라 북아프리카의 아우구스티노 성인의 저서들을 나타낸다.

치클라요는 트루히요처럼 북부의 해안 도시지만, 그만큼 크거나 유명하지 않다. 프레보스트는 노란색으로 칠해진 대성당의 주인이 되었다. 이 성당은 파리 에펠탑을 건축한 귀스타브 에펠이 설계도를 그렸다고 전해지는데, 전혀 그의 작품처럼 보이지 않는다. 당시 내무부 장관으로 프레보스트의 귀화 신청을 처리했던 호세 루이스 페레스 과달루페는 이렇게 말했다. "그분이

레오 14세의 문장.
베네딕도 16세 때부터(2005년) 교황 문장에는 성 베드로의 열쇠와 더불어 교황의 삼중관이 아닌 로마 주교를 상징하는 주교관이 그려져 있다.

치클라요에 도착하자마자 저는 감명을 받았습니다. 그분은 프란치스코 교황과 비슷한 면이 있었습니다. 이 도시는 수십 년간 오푸스 데이Opus Dei 출신을 교구장으로 모셨는데, 이곳에 아우구스티노회 출신의 주교가 오신 겁니다. 격식을 따지거나 딱딱하지 않은, 진솔하고 다정한 분이었습니다." 프레보스트는 당시 그에게 가톨릭 신자들이 신교의 자유교회 집단으로 이탈하는 것에 대해 우려를 표했다고 한다. "그분은 사람들이 떠나는 것은 아무도 그들을 돌보지 않기 때문이라고 생각했습니다." 이러한 상황에 맞서 새로운 주교는 친밀함을 강조했다. 하지만 대양에서 안데스산맥까지 이르는 광활한 지역에 걸쳐 있는 교구에서 친밀함은 결코 쉬운 일이 아니었다. 게다가 이 교구의 신자는 백만 명이지만 교구 사제가 백 명이 채 되지 않는다.

"좋은 사목자가 된다는 것은 하느님의 백성과 함께하고 그들 가까이에 살며 고립되지 않는다는 것을 의미합니다"라고 프레보스트는 훗날 그의 수도회 홈페이지에 실린 인터뷰에서 말했다. "프란치스코 교황께서는 이미 여러 번 분명히 말씀하셨습니다. 궁전에 사는 주교들을 원하지 않는다고 말입니다." 물론 주교는 행정력과 지도력을 포함한 여러 능력을 갖추어야 한다. "하지만 제가 다른 무엇보다 한 가지 덕목을 강조해야 한다면, 그것은 주교가 예수 그리스도를 선포하고 믿음을 삶으로 살아

내며, 그의 증언에서 신자들이 교회에 더 적극적으로 참여할 영감을 얻도록 해야 한다는 것입니다." 자신의 수도회에서 무엇보다 믿는 이들의 공동생활을 중요하게 여겼던 이 사람은 모든 세례받은 이들의 참여를 꿈꾸었다.

세사르 피스코야는 현재 라틴아메리카 주교회의에서 일하는 한 가정의 아버지다. 당시 치클라요에서 프레보스트는 그를 사목 담당자로 임명했다. "그분은 처음에 제게 두 가지 중요한 점을 일러 주셨습니다. '첫째, 세사르 씨, 우리는 긴밀히 협력해야 합니다. 둘째, 세사르 씨, 우리 신자들, 우리 공동체, 우리 교구가 서로 책임을 나누는 것이 중요하다는 점을 이해하도록 해야 합니다.' 그분은 덧붙였습니다. '공의회 정신을 잊지 마십시오. 우리 교구에는 쇄신과 복음화의 과정이 필요합니다.' 그래서 그분은 저에게 선교 관련 임무를 맡겼습니다." 「바티칸 라디오」와 한 인터뷰에서 이 평신도는 그것이 쉬운 일은 아니었다고 말한다. "그분은 교구의 상황을 알고 있었고, 그 일이 어려울 수 있다는 것도 알고 있었습니다. 그곳은 성직자 중심적인 곳이었기 때문입니다. 치클라요는 육십 년 동안 오푸스 데이의 영향을 받았습니다." 그 기간에 사회적 요소와 선교적 요소는 다소 소외되었다. "프레보스트 주교님은 이것이 우리의 과제임을 이해했고, 처음부터 저를 지원해 주었습니다."

피스코야는 프레보스트의 도움으로 본당과 교구 차원에서 평신도 사목 팀을 어떻게 만들었는지 설명한다. 이 팀들은 본당 신부나 주교와 함께 결정을 내렸고, "주교님은 항상 여성들이 함께 참여하도록 했습니다". 그는 여성의 참여 확대를 위해서도 노력했다. "예를 들어, 그분의 주교 재임 기간에 한 여성이 카리타스의 책임자였고, 또 다른 여성은 가톨릭대학의 총장이었습니다." 피스코야는 이 아우구스티노회 주교의 지도력을 한 단어로 표현한다. 바로 '대화'다. "그분은 사제 평의회에서 자주 사제들과 만나 많은 대화를 나누었습니다. 우리 평신도 팀들과도 함께 사목 활동을 평가했습니다. 그분은 매우 수평적인 분입니다. 어떤 결정을 내리기 전에 항상 먼저 대화하고 경청합니다." 피스코야 역시 여러 해에 걸쳐 프레보스트와 우정을 쌓았다. "그분은 다가가기 쉽고, 당신의 친구가 되고 싶어 합니다. 그분은 당신과 함께 울고 웃고 꿈꾸며, 당신의 절망도 함께 나눕니다. 그분은 당신이 무엇을 느끼는지 알고 싶어 하는 사람입니다."

그의 가장 큰 강점은 무엇일까? 피스코야는 "신중함"이라고 평가하는데, 이는 다소 의외다. 하지만 피스코야는 곧바로 이렇게 덧붙인다. "그분에겐 강한 면이 있습니다. 무언가를 한번 시작하면 끝까지 밀어붙입니다. 하지만 매우 섬세하기도 합니다. 저는 이것이 그분이 새 교황으로서 처음 군중에게 인사했을 때

드러났다고 생각합니다. 그분은 거의 눈물을 흘릴 뻔했습니다. 그분은 매우 감성적입니다." 치클라요의 사람들도 프레보스트가 교황으로 선출되었다는 소식에 '벅찼다'고 했다. 그들은 곧장 대성당 앞마당으로 뛰쳐나갔다. "그들은 작고 고통받는 백성들입니다. 하지만 그들의 애정과 우정은 위대합니다."

그들의 전임 주교가 로마에서 교황으로 선출된 이후 몇 시간, 며칠 동안 치클라요의 사람들은 그와의 기억을 떠올리며 이야기를 나누었다. 한 지역 언론인은 "그분은 우리와 성체를 나눴을 뿐만 아니라, 우리가 즐겨 먹는 염소 고기 요리와 밥을 나누어 먹었습니다"라고 말했다. "그리고 그분은 항상 이민자 문제에 큰 관심을 기울이고 그들을 위해 많은 일을 했습니다." 전 카리타스 책임자는 페루에서 수천 명의 목숨을 앗아 간 코로나19 팬데믹 시기를 가장 먼저 떠올렸다. "그분은 '희망의 산소'라는 연대 캠페인을 시작했고, 지역 전체를 동원해 구호품을 모으고, 산소 호흡기 두 대를 기증해 생명을 구했습니다." 또한 2023년 홍수 때는 프레보스트가 헬멧을 쓰고 고무장화를 신고 "자원봉사자들과 함께 힘을 보탰다"라고 한다. 주교 시절에도 그는 말을 타고 오지를 다녔다. "말은 적게, 행동은 많이"가 그의 좌우명 중 하나였던 듯하다.

하지만 페루 북부에서의 프레보스트의 활동에는 그림자도

치클라요의 주교 로버트 프레보스트가 2019년 7월, 페루의 베네수엘라 이주민을 위한 연대 센터 봉헌식에 참석한 모습

드리워져 있다. 세 여성이 그가 교구 주교였을 때, 두 사제의 성적 학대에 대한 자신들의 주장에 적절하게 대응하지 않았다고 비난하고 있다. 교구는 프레보스트를 사실상 옹호하는 장문의 해명을 내놓았다. 그리고 여기에 또 다른 음모론이 있다. 치클라요의 전임 주교를 향한 비난의 배후에 실제로 페루에 기반을 둔 우익 가톨릭 단체인 '그리스도인 생활 공동체'(Sodalitium Christianae Vitae)가 있는 것이 아닐까? 이 공동체는 지금은 교황이 된 그가 당시 페루에서 강력하게 맞섰던 집단으로, 권력 남용과 성폭력 사건으로 2025년 1월에 교황청에 의해 해산된 바 있다. 교회 내 성 학대 추문을 누구보다 깊이 연구한 독일인 예수회원 한스 츨너는 프레보스트를 향한 비난이 '그리스도인 생활 공동체'의 복수일 가능성이 크다고 생각한다. 츨너는 프레보스트를 "모든 일에 완벽했다고 말할 수는 없지만", 성 학대에 맞서 싸운 단호한 투사로 기억한다.

 2018년 3월, 프레보스트는 페루 주교회의의 제2부의장으로 선출되었으며, 재정 위원회 위원과 문화 및 교육 위원회 위원장도 맡았다. 프레보스트가 리마에 올 때마다 그와 긴밀히 협력했던 기예르모 잉카 페레다 주교회의 사무총장은 "그분이 그링고 Gringo 사제였느냐고 묻는다면, 대답은 '아니오'입니다"라고 단언한다. 그링고는 라틴아메리카에서 외국인, 특히 영어권 사람이나 미국인을 낮춰 부르는 말이다. "그분은 그링고가 아니었습니다. 자신이 다른 사람들과 다르다고 느끼지 않았습니다." 그러면서 프레보스트는 전임 교황 프란치스코보다 "소통할 때 좀 더 신중한 편이지만, 두 사람 모두에게 라틴아메리카인의 영혼이 있습니다"라고 말한다. 또한 치클라요 주교는 중요한 일이 있을 때면, "밤 11시에도 연락이 닿았고, 늘 명확하게 대답"했다고 한다. 그래서 그 후에는 다들 "안심하고 잠자리에 들 수 있었습니다"라고 회상한다.

그러나 로마는 잠들지 않았다. 라틴아메리카인의 영혼을 지닌 프란치스코 교황은 이 시카고 출신 아우구스티노회 수도자가 놀라운 방식으로 페루인으로 변신하는 것을 계속 주시했다. 2019년에 프란치스코 교황은 그를 교황청 성직자성 위원으로, 2020년에는 주교성 위원으로 임명했다. 같은 해 4월에는 페루 카야오 교구의 교구장 서리를 잠시 맡기기도 했다. 2023년 1월, 교황은 그를 완전히 로마로 불러들였다. 이는 프레보스트를 더 넓은 세계 교회에 알리는 결정적인 계기가 되었다. 그는 주교 선출을 담당하는 교황청 주교부의 장관이자 교황청 라틴아메리카 위원회 위원장으로 임명되었다.

이로써 페루에서의 모험은 끝났다. 프레보스트는 교황청 관료가 되었지만, 곧 페루 국기의 색상인 빨간색과 흰색을 몸에 걸

2023년, 치클라요 주교로서 독일의 자매 교구인 프라이부르크 교구의 슈타우펜시의 산 마르틴 본당에서 작별 인사를 하는 모습

칠 수 있게 되었다. 프란치스코 교황이 9월에 그를 추기경으로 서임했기 때문이다. 그의 명의 본당은 성 아우구스티노의 역사와 밀접하게 연관된 산타 모니카 성당이었다. 모니카는 성인의 어머니로, 아들이 방황하던 시절에도 결코 희망을 잃지 않았다. 이로써 '로버트 신부'는 바티칸에서 이룰 수 있는 모든 것을 단번에 이룬 셈이었다. 그러나 그의 가장 큰 후원자이자 그를 다른 여러 바티칸 부서의 위원으로 임명한 교황은 아직 만족하지 않았고, 한 가지 세부 사항을 조정했다. 원래 그를 부제급 추기경 지위에 두었지만, 나중에 이를 변경하여 이 미국인은 2025년 2월에 주교급 추기경으로 승격되었다. 물론 이것은 미묘한 차이처럼 보일 수 있다. 하지만 바티칸의 성스러운 전당에서 이런 미묘함은 큰 의미를 지닌다. 주교급 추기경이 되면서 그는 다른 명의 본당을 부여받았다. 바로 옛 교황들의 여름 별장이었던 카스텔 간돌포에서 멀지 않은 알바노의 대성당이었다.

이제 프레보스트는 세계 교회에서 중추적인 자리에 서게 되었다. 그의 부서에서는 미래의 교회 지도자들의 경력이 만들어지고, 이 실험실에서 내일의 교회가 탄생한다. 전 세계 교황사절들, 곧 교황대사들이 잠재적인 주교 후보들에 관해 수집한 문서와 정보를 검토하고 평가하는 것이 그의 임무다. 이 후보들이 어떤 성향인지 파악하고, 출세주의자나 의심스러운 인물들이 높은 자리에 오르는 것을 막으며, 지도자 임무를 맡길 수 있는 올곧은 인물들을 선별해야 한다. 베르골료 교황이 프레보스트를 임명함으로써 주교 임명 시 선교적 기준을 더 중요하게 고려하겠다는 의지를 보인 것은 분명했다. 그러나 주교부에는 또 다른 민감한 임무가 있다. 바로 전 세계 교구들이 성적 학대 방지를 위한 규범을 준수하는지 감독하는 것이다. 이로써 프레보스트는 교황청 관료들과 독일 주교회의 대표들 사이에서 '시노드 여정' 개혁 프로젝트에 관한 여러 차례 비공개 대화에 참여하게 되었다. 이 자리에서도 그는 강경파가 아닌, 현명하게 경청하고 논리를 펼치는 모습을 보였다.

일주일에 한 번씩 추기경은 교황을 알현할 기회가 있었는데, 항상 토요일이었다. 프레보스트는 「바티칸 뉴스」와 나눈 대화에서 "알현이 끝날 때쯤이면 교황께서는 '유머 감각을 잃지 마십시오. 웃어야 합니다'라고 자주 말씀하셨습니다"라고 전했다. 그리고 프란치스코 교황은 "잘 지내십니까? 일은 잘돼 갑니까?"라고 묻곤 했다고 한다. 아우구스티노회 총장으로 일했던 경험 덕분에 프레보스트는 바티칸에서의 새로운 역할을 잘 해낼 준비가 되었다고 느꼈다고 한다. 그에게는 세계 교회의 다면적인 모습을 이해하는 것이 무엇보다 중요했기 때문이다. "세상에는 매우 다양한 문화, 다양한 언어, 다양한 환경이 있고, 교회는 이에 반응합니다. 따라서 우리가 우선순위를 정하고 직면한 과제들을 평가할 때, 나라마다 긴급한 문제들이 서로 크게 다를 수 있다는 것을 염두에 두어야 합니다. 이탈리아, 스페인, 미국, 페루 또는 중국 등 각국의 상황이 모두 같을 수는 없기 때문입니다." 그러나 한 가지는 분명히 어디에서나 똑같다고 한다. "그리스도께서 우리에게 남겨 주신 근본적인 사명, 즉 복음을 선포하는 것입니다. 그리고 이 복음은 어디에서나 똑같습니다." 하지만 이 하나이고 유일한 복음을 전 세계의 다양한 상황에 맞춰 전달하기 위해서는 "하느님 백성이 지닌 다양성이라는 풍요로움을 인정하는 것이 필요합니다. 그것을 통해 우리가 사람들에게 더 섬세하게 다가가고, 그들이 우리에게 기대하는 바에 더 잘 부응할 수 있기 때문입니다".

바티칸의 주요 장관으로서 프레보스트는 프란치스코 교황의 사목 방문에 여러 차례 동행했으며, 2023년과 2024년 가을에 열렸던 두 차례 세계주교시노드에도 참석했다. 프란치스코 교황은 이를 통해 시노드 정신인 '시노달리타스'를 가톨릭교회의 유전자에 심으려 노력했다.

2025년 3월 3일 저녁, 프레보스트는 성 베드로 광장에서 교황을 위한 묵주 기도를 이끌었다. 교황이 위독한 상태였다. 그는 로마 외곽의 제멜리 병원에서 생사를 넘나들며 싸우고 있었다.

5

프란치스코 교황의 마지막 강복
미완의 교황직

마침내 2025년 부활대축일이 찾아왔다. 화창한 날씨에 로마 시내는 관광객과 순례자들로 가득했다. 성 베드로 대성전의 중앙 발코니에서 프란치스코 교황은 휠체어에 앉아서 '우르비 엣 오르비' 강복을 내렸다. 떨리는 목소리였지만, 젖 먹던 힘까지 다해 가까스로 강복을 베풀었다. 다시 그 자리에 모습을 드러낸 것만 해도 어딘가! 바로 직전까지 프란치스코는 심각한 호흡기 질환으로 한 달 넘게 제멜리 병원에 입원해 있었고, 의사들은 그에게 아직 휴양이 더 필요한 상태라고 했지만 서둘러 퇴원했다. 88세의 교황에게는 부활절 강복이라는 전통을 따르는 것이 중요했고, 심지어 그는 강복 후 무개차인 교황 전용차를 타고 광장의 군중 사이를 지나갔다. 그 일만으로 힘겨워 보였다. 하지만 이렇게 일상으로 돌아올 수 있었다는 것으로 만족했다. 한 뉴스 통신사의 표현을 빌리면, 축구를 사랑하는 아르헨티나 출신 교황은 '인저리 타임'에 접어들었다. 프란치스코 교황은 바티칸의 거처인 산타 마르타의 집으로 돌아온 뒤 간병인에게 "나를 다시 내보내 줘서 고마워요"라고 말했다고 한다.

그로부터 약 20시간 후, 그는 뇌졸중으로 선종했다. 전날 성 베드로 광장에서 본 모습으로는 예상치 못한 급작스러운 일이었다. 주일에 '우르비 엣 오르비' 강복을 그 자리에서 직접 받았거나, 텔레비전으로 시청했던 많은 이는 2025년 4월 21일 월요일, 즉 부활 팔일 축제 월요일에 전해진 교황의 선종 소식을 믿을 수 없었다.

이는 남다른 교황직을 마무리 짓는 순간이었다. 프란치스코 교황은 라틴아메리카 출신으로는 처음으로 로마 주교직을 맡아 열두 해 동안 재임했다. 처음부터 다들 기대가 높았지만, 친구와 적 모두를 당황하게 하는 데 성공했다. 부에노스아이레스의 대주교였던 호르헤 마리오 베르골료는 교황 재임 중 어떤 틀에도 얽매이지 않고, 때로는 주저하거나, 때로는 개혁에 앞장서는 역할을 맡았다. 사람들에게 다가가는 방식과 태도, 즉흥적이고 무질서한 모습까지, 많은 점에서 그는 라틴아메리카적이었다. 교파 간, 종교 간의 사소한 논쟁에는 별 관심이 없었다. 그보다는 교회, 신학, 전례가 그 자체를 위해 있는 게 아니라 인간, 민중을

위해 존재한다고 확신했다. "가난한 이들이 복음의 중심"에 있다고 믿었다. 그래서 풀뿌리 운동에 관한 교황의 이야기를 들을 때면, 마치 노동조합 지도자가 말하는 것 같았다. 자신이 공산주의자라는 비난에 거듭 반박했지만, 그의 전임 교황들은 그런 의심을 받은 적도 없었을 것이다.

그는 최초의 예수회 출신 교황이었고, 그의 영성은 이냐시오적 영성, 즉 예수회 창립자인 로욜라의 이냐시오(1491~1556) 정신에 깊게 뿌리를 두었다. 이는 무엇보다도 성모 마리아나 교회보다 예수님을 중심으로 삼으려는 데에서 그 특징이 드러난다. 프란치스코 교황은 예수회의 특징인 '영의 식별'의 실천을 세계 시노드 과정을 통해 교회에 뿌리내리려 했는데, 이 과정은 여러 모로 공의회보다 더 복잡하고 방대한 작업으로 그의 죽음으로 끝나지 않았다. 2025년 3월 중순, 교황은 제멜리 병원의 병상에서 2028년 가을까지 이어지는 시노드 청사진을 발표했는데, 이로써 후계자인 레오 교황에게 교회의 새로운 시노드 방식을 확립하는 기조가 마련된 셈이었다.

프란치스코 교황은 자신에게 주어진 열두 해 동안 무엇을 이루었을까? 그는 많은 과정을 시작하고 많은 일을 추진했다. "출발하는 교회", 그의 상징적인 문구 중 하나다. 안전지대를 벗어나 흠집이 나거나 긁히는 것을 두려워하지 않는 교회를 뜻한다. 오늘날 인간의 상처를 붕대로 감싸 주는 "야전 병원"으로서의 교회, 우리가 바라는 모범적인 모습이나 만들어 낸 모습이 아닌 있는 그대로 사람들을 품는 교회를 지향했다. '기쁨'으로 새로운 선교 동력이 창출되어야 한다. (기쁨이라는 단어는 교황의 주요 문헌에서 거듭 등장한다.) 2022년에 교황청 개혁은 복음화를 최우선 과제로 삼았고, 로마 교황청 조직에서 해당 부서를 최상위에 놓았다. 이는 수백 년 동안 교회의 방향을 전적으로 이끌어 왔던 신앙교리성의 권한을 약화한 것이다. 관에 누워서도 닳아서 해진 신발을 신고 있으니, 그의 사목 정신을 잘 알 수 있다.

그러나 이 교황의 재위 중 많은 사안이 구상 단계에 머물렀을 뿐 완결되지 못했다. 어떤 일은 혼란을 일으키기도 했는데, 가톨릭교회와 같은 거대한 조직이 미지의 영역에 발을 들여놓을 때 필연적으로 발생하는 일이었다. 독일의 '시노드 여정'은 처음에는 프란치스코 교황의 격려를 받는 것처럼 보였지만, 나중에는 의심의 눈초리만 받게 됐다. 기혼자를 위한 새로운 형태의 사제직이나 여성 서품에 관한 교황의 성찰은 실질적인 결과를 낳지 못했다. 재혼한 이혼자들의 영성체 금지 완화 조치는 사도적 서한의 각주로 잘 보이지 않게 처리됐다. 그런 목록을 들자면 끝이 없다. 교황의 친구이자 브라질 원시림에서 사목하는 오스트리아 출신의 은퇴한 주교 에르빈 크로이틀러조차 한 인터뷰에

2023년 9월 30일, 로버트 프레보스트가 추기경으로 서임되었다.
이 또한 프란치스코 교황의 유산 가운데 하나다.

서 "더 많은 것을 기대했다"라고 털어놓았다.

"교회의 시노드적 구조, 이것이 바로 그분이 남긴 위대한 유산이라고 생각합니다." 프란치스코가 선종한 지 이틀 뒤, 교황청의 발터 카스퍼 추기경은 「바티칸 라디오」에서 이렇게 말했다. "그분이 물꼬를 튼 것이지만, 아직 전부 실현되지는 않았습니다. 그런 점에서 볼 때 미완의 교황직이었다고 할 수 있습니다. 하지만 그러한 거대한 변화가 한 교황이 재임하는 동안 다 이루어질 수는 없습니다. 차기 교황이 보완하고 발전시켜 나가야 할 것, 명확히 해야 할 과제들이 있습니다. 부디 그분께서 이를 주도해 나가시기를 바랍니다."

카스퍼는 슈바벤 출신의 신학자로, 1990년대 후반 바티칸에 들어와 2010년까지 그리스도인일치촉진평의회 의장직을 맡았다. 물론 그는 고인이 "혁명을 일으킨" 것은 아니라고 평가했다. "독일이나 서구에서 기대하는 것을 전부 충족시키지는 못했습니다. 하지만 그분은 그런 사안을 주제로 논의할 수 있는 여건을 만들었습니다! 나중에 비판받지 않고 이야기를 꺼낼 수 있다는 새로운 방식입니다. 교회 안에 새로운 분위기를 조성한 것입니다. 그리고 심지어 사람들, 보통 사람들까지 이를 이해하게 됐습니다." 새 교황이 이 흐름을 이어 갈 거라고 희망할 수 있다고 말했다. "이제는 되돌아갈 수 없습니다. 말도 안 되는 일입니다."

프란치스코 교황은 무엇보다도 소박함을 추구한 노력과 가난하고 소외된 이들을 대변한 일로 기억될 것이다. 그는 베드로 사도의 후계자 중 최초로 아시시의 프란치스코 이름을 따 성인을 모범으로 삼았다. 2013년에 새로 선출된 교황은 첫 공개 석상에서 "성인은 저에게 가난의 사람이자, 평화의 사람이며, 창조물을 사랑하고 보호하는 사람입니다"라고 밝혔고, 이로써 그의 교황직 기조가 정해졌다. 가난이 최우선 화두였다. 프란치스코 교황은 교회 차원의 '세계 가난한 이의 날'을 제정했고, 일부러 사도궁이 아니라 손님의 집에 거처를 정했으며, 국가 의전 차량이 아니라 피아트 소형차를 타고 다녔다. 그리고 창조 세계 보호를 강조했다. 2015년, 프란치스코 교황은 교황으로서는 최초로 환경을 주제로 한 독자적 회칙 「찬미받으소서」를 발표했고, 지속 가능성이라는 주제를 정의라는 주제와 연결했다. 최종적으로 평화를 중시했다. 그는 사형 제도를 강력히 반대했고, 핵무기 보유 자체를 금지해야 한다는 견해를 밝혔으며, '정당한 전쟁'이라는 신학적 가설에 전혀 동의하지 않았다. 비록 성과를 거두지 못했지만, 우크라이나 전쟁에 관해서도 끈질기게 평화 협상의 중재자로 나서려 했다. 그가 교황으로 재위하면서 바티칸은 세계의 소프트 파워로서 정치 무대에 복귀했다.

이 교황의 꿈은 주변부로 가서 가장 끝자리에 있는 이들과 함께하며, 그들에게 하느님 자비의 메시지를 전하는 것이었다. 그에게 복음 전체는 마태오 복음 25장의 최후의 심판으로 귀결되는데, 그 장면에서 그리스도께서 다시 오셔서 "너희가 이 지극히 작은 내 형제들 가운데 하나에게 해 주었을 때마다 나에게 해 준 것이다"라고 말씀하신다. 교황은 언젠가 젊은이들과 만난 자리에서, 이 구절과 참행복에 관한 말씀 외에는 성경에서 "다른 것은 더 읽을 필요가 없다"라고 주장한 적이 있다. 이는 가난하고 궁핍한 사람들 속에서 그리스도를 만날 수 있다는 확신을 드러낸 것이다. 걸인을 껴안는 것은 그에게 하느님과의 만남, 즉 성체성사와도 같았다. 2016년, 교황이 그리스 레스보스섬에 있는 이주민과 난민 수용소를 방문했을 때, 정교회의 주교들이 동행했다. 이 모습을 지켜본 예리한 관찰자는 신학적으로 이를 '상호성찬', 즉 고난받는 그리스도의 몸을 공동으로 나눠 모신 것이라고 해석했다. 성체성사의 빵에서가 아니라, 함께 사는 이들 가운데 가장 보잘것없는 이들 안에 예수님이 계시다는 것이다. 그렇다고 해서 그 실재성이 줄어드는 것은 아니다.

가난한 이들이 곧 예수님이라는 사실, 이것이 부에노스아이레스 출신 교황의 신비주의였다. 2013년 10월, 처음 아시시를 방문해서 장애 아동과 아픈 아이들을 만났을 때, "여기 예수님이 숨어 계십니다. 이 젊은이들, 이 아이들, 이 사람들 안에 말입니다"라고 묵상했다. "제대에서 우리는 예수님의 몸을 경배합니다. 그들 안에서 우리는 예수님의 상처를 알아봅니다. 성체 안에 숨어 계신 예수님, 이 상처 안에 숨어 계신 예수님을 말입니다." 영성이 구체화된 것이었다. 예수님을 가난한 이, 평범한 이, 소외된 이 안에서 만나는 것이며, 추상적인 방식이 아니라 철저히 현실적인 방식으로 만나는 것이었다.

교황의 사목이 변방으로 향했기에, 그의 교황 재임 기간 중 베를린, 런던, 마드리드는 사목 방문지가 되지 못했다. 그 대신 프란치스코 교황은 티라나, 방기, 말뫼, 트빌리시, 양곤, 딜리, 주바 같은 곳에서 모습을 드러냈다. 새 추기경 임명에서도 그는 남반구의 시대가 도래했음을 분명히 했다. 붉은색 추기경 모자는 싱가포르, 아이티, 통가로 향했고, 반면 베네치아, 밀라노, 파리, 로스앤젤레스 같은 전형적인 후보 지역들은 탈락했다. 대부분 자신처럼 지역에서 신망 있는 주교들이 '교황의 원로원'에 해당하는 추기경단에 들어갈 수 있었다.

그럼에도 프란치스코 교황이 추진했던 보편 교회의 사목적 변화에 어두운 측면이 없진 않았다. 이는 특히 끝이 보이지 않는 악몽과 같은 성 학대 추문에 대한 대응에서 두드러졌다. 교황이 잘 알고, 신뢰하고, 심지어 후원했던 사목자 중 많은 이가 이 문제로 오점이 있었고, 공교롭게도 정작 이런 민감한 분야에서 교황의 감각이 때로는 빗나갔다. 학대를 은폐했거나 심지어 직접 자행했던 주교들을 오랫동안 자리에 머무르게 한 사례도 있었다. 로마가 성 학대 문제의 심각성을 과연 진정으로 인식하고 있는지 의문이 생기는 순간도 있었다. 이에 반해 이 문제에 대해 취한 조치 중 긍정적으로 평가된 점도 있다. 성 학대 대응에 있어서 교회법을 가시적으로 강화했고, 교황청 미성년자보호위원회를 설립했으며, 2019년에는 바티칸에서 미성년자 보호에 관해 교회 장상들이 회의를 개최하여 전 세계 주교회의 의장들이 이 문제를 제대로 인식하도록 했다. 앞서 언급한 성 학대 전문가인 한스 촐너는 베르골료가 성 학대 문제에 관해 "뛰어난 학습력"을 보여 줬다고 증언한다.

프란치스코 교황은 진정한 사목자였다. 그의 가장 중요한 순간이 코로나19 팬데믹 기간에 찾아왔다. 여러 나라에서 방역을 이유로 성당 문이 닫혔던 동안, 프란치스코 교황은 자기 성당의 문을 열었다. 비록 가상 공간에서였지만 말이다. 봉쇄 기간에 집에 갇힌 사람들은 매일 아침 산타 마르타의 집에 봉헌되는 미사에 참례할 수 있었다. 2020년 3월 27일, 교황은 성 베드로 광장에서 몇 명의 도움만 받으며 홀로 팬데믹 종식을 위해 기도했다. 그는 복음 말씀 가운데 풍랑 속의 배에 관해 강론하며, 예수님이 공포에 질린 제자들에게 한 질문을 반복했다. "왜 겁냅니까? 믿음이 약한 사람들!" 그리고는 성체가 현시된 텅 빈 광장에서 밤하늘을 향해 성호를 그었다. 그 순간 어디선가 구급차 사이렌 소리가 울려 퍼졌다. 아마도 이 장면이 그의 교황 재위 기간을 통틀어 가장 인상 깊은 장면일 것이다.

다른 그리스도교 교파와 다른 종교와의 관계에서 프란치스코 교황은 경계를 뛰어넘는 모습을 보여 주었다. 그는 루터가 비텐베르크에서 반박문을 발표한 지 오백 주년을 맞아 스웨덴에서 열린 공식 종교개혁 기념식에 참석한 최초의 교황이었다. 또한 교황으로서는 최초로 모스크바의 러시아 정교회 총대주교와 회담을 성공적으로 이루어 냈다. 그러나 러시아의 우크라이나 침공으로 인해 양측 관계는 다시 경색되고 말았다. 그는 성공회 수장인 캔터베리 대주교, 스코틀랜드 장로교회 총회 의장과 함께 아프리카 최빈국인 남수단으로 평화 순례를 떠났다. 마찬가지로 교회일치운동의 주류에 속하지 않는 그리스도인들인 오순절 교회, 발도파, 복음주의 교회에도 다가갔다.

프란치스코 교황은 종교 간 대화에서 신앙인들의 연대를 지향했는데, 예루살렘 통곡의 벽에서 이슬람 대표자, 유다교 대표자와 함께 나눈 삼자 포옹으로 이러한 상징적인 연대의 모습을 보여 주었다. 이슬람과의 대화에서도 그는 많은 성과를 거두었다. "아라비아의 프란치스코"는 교황으로서 최초로 2019년에

아라비아반도를 방문했으며, 이슬람의 발상지인 메카와 메디나에 이전의 그 어느 로마 주교보다 한층 가까이 다가갔다. 아부다비에서는 카이로 알아즈하르의 대大이맘(이슬람 종교 지도자)인 아흐메드 알타예브와 함께 「인간 형제애」 선언문을 발표했는데, 이는 두 세계 종교 관계에 새로운 기준을 세웠다고 평가받았다. 2021년에 이라크를 방문했을 때 무장 단체 '이슬람 국가'(IS)에게서 최근 해방된 도시 모술의 폐허 속에서 기도한 일은 크게 존경받았다. 여하튼 교황은 전임 베네딕도 16세 교황이 특히 중시했던 비신자들과의 대화에는 그다지 관심을 보이지 않았다. 베네딕도 16세는 현대 사회에서 신에 관한 질문조차 사라질 것이라고 크게 우려했지만, 후임자에게는 그다지 큰 문제가 아니었던 것 같다.

끝으로 베네딕도 16세에 대한 것이다. 2013년 독일인 교황이 교황직에서 물러난 것에 대해 프란치스코 교황은 존중을 표했고, 거듭 찬사를 보냈다. 하지만 그는 그 전례를 따르지 않았다. 그 대신 성 요한 바오로 2세가 건강이 극도로 나빠진 상태에서도 끝까지 교황직을 수행한 태도를 이어받았다. 베네딕도 16세 교황이 선종한 뒤, "나는 교황직이 '종신직'(ad vitam)이라고 생각합니다. 그렇지 않을 이유가 없다고 생각합니다"라며 그때까지 피해 오던 질문에 우회적으로 답한 적이 있다. 교황은 은퇴하지 않고, 소임을 하다가 죽는다. 교황직에 대한 이런 이념에 걸맞게 실제로 '우르비 엣 오르비' 강복 다음 날인 부활절 월요일 아침에 베르골료는 선종했다.

프란치스코 교황의 선종이 발표된 직후 「시드니 모닝 헤럴드」는 부고 기사에서 교황의 마지막 공식 석상의 순간을 회상했다. 목소리가 나오지 않아 직접 읽을 수는 없었지만 큰 소리로 대독한 연설에서 프란치스코 교황은 세상 곳곳에서 일어나는 전쟁, 반유다주의, 고통에 대한 무관심을 비난했다. "그런 다음 … 교황 전용 무개차에 올라타 … 신자들 사이로 마지막으로 한 바퀴 돌았다. 떨리는 손으로 자신에게로 건네진 아이들을 축복하고, 그의 이름을 부르며 환호하는 군중에게 손을 흔들었다." 이 호주 신문의 기사는 놀라울 정도로 찬가와 같은 어조로 쓰였다. "프란치스코는 성 베드로 광장을 작별의 무대로 만들었다. 의도한 듯했다. 거룩했다. 마지막이었다. 프란치스코 교황은 많은 일로 기억될 것이다. … 하지만 가장 기억에 오래 남을 이미지는 물러서길 거부하며, 고통을 뛰어넘어 역사 속으로 자기 메시지를 던지려 했던 죽어 가는 이의 모습일 것이다. 마지막 부활절에 프란치스코 교황은 부활을 강론하지 않았다. 그는 부활을 몸소 보여 주었다."

며칠 후, 스위스 프리부르의 교황 역사가 폴커 라인하르트는 훨씬 더 산문적인 어조로 평가했다. "두드러진 교황 임기는 아니었다. … 그의 교황 재위 중 중요한 일이 일어나지 않았고, 결정적인 변화도 없었다." 이 두 가지 평가를 나란히 놓고 보면, 성 베드로 사도의 265번째 후계자에 대한 최종 평가가 아직 내려지지 않았음이 분명하다.

6

"우리가 왕을 선출하는 게 아닙니다"

수수께끼투성이 콘클라베

프란치스코 교황이 선종한 지 닷새 후인 2025년 4월 26일 토요일, 로마에서 장엄하게 장례식이 치러졌다. 25만 명이 작별 인사를 하려고 성 베드로 광장과 그 주변 거리에 모여들었다. 이들 대부분은 성 베드로 대성전의 정면이라도 제대로 보려고 이른 새벽 시간에 일어났다. 로마의 일곱 언덕 위로는 눈부시게 푸른 하늘이 펼쳐져 있었지만, 바티칸 주변은 온통 차단 울타리와 검문소가 즐비했다. 장례 미사의 주례는 추기경단 단장 조반니 바티스타 레 추기경이 맡았다. 91세의 고령이었지만, 활력으로 가득한 인물이었다. 추기경은 이날 강론에서 지난 교황 재위 중 핵심 주제인 자비, 복음의 기쁨, 사회 주변부에 있는 이들에 대한 전적인 헌신을 강조하며 주목받았다.

"그분은 사람들 가운데 계신 교황이셨고, 누구에게나 마음이 열린 분이셨습니다." 레 추기경은 이렇게 회고하며 말을 이었다. "게다가 사회 안에서 새롭게 나타나는 흐름과 성령께서 교회 안에서 일으키시는 모든 변화에 늘 주의를 기울이던 교황이셨습니다." 지난 열두 해 동안 프란치스코 교황의 일관된 신념은 "교회가 모든 이를 위한 집, 항상 문이 열려 있는 집"이며, "많은 부상자가 발생한 전투 후에 있는 '야전 병원'으로 비유하며, … 현대 세계를 갈기갈기 찢어 놓은 사람들의 문제와 심각한 고통을 확고하게 돌보아야 한다"라고 되짚었다. 이를 지켜본 이들은 레 추기경의 발언에 곧 열릴 콘클라베에 대한 암시와 권고가 담겨 있다고 생각했다. 물론 이 콘클라베에 레 추기경 자신은 나이 제한으로 참석할 수 없다. 교황 선종 시점에 만 80세 미만의 추기경들만 시스티나 성당에 들어갈 수 있다.

백발의 이 교회 인사는 고인의 정신을 고스란히 이어받아 평화를 호소했다. 그날 성 베드로 광장의 귀빈 자리에 앉아 있던 이들 모두가 세계 최고의 인사들, 약 160개국에서 온 대표들이었기 때문이다. 장례가 시작되기도 전에 트럼프 미국 대통령과 젤렌스키 우크라이나 대통령이 성 베드로 대성전에서 잠시 회동했다. 한 고위 성직자가 급히 두 의자를 맞붙여 놓았는데, 이 장면은 얼핏 고해성사를 떠올리게 했다. 로마의 한 일간지는 이 사진에 "프란치스코의 첫 번째 기적"이라고 설명을 달았다.

지상의 사명을 다한 교황의 육신이 모셔진 소박한 목관은 장례 미사 중 성 베드로 광장 주 제대 앞에 놓여 있었다. 목관이 열려 있던 사흘 동안 25만 명이 성 베드로 대성전을 찾아 그 앞을 지나갔다. 장례 미사가 끝난 뒤, 관을 실은 운구차는 구시가지를 지나 산타 마리아 마조레 대성당으로 빠르게 이동했다. 프란치스코 교황이 성 베드로 대성전이 아닌, 로마에서 가장 중요한 성모 마리아께 봉헌된 성당에 묻히기를 바랐기 때문이다. 자칫하면 이 결정이 아르헨티나 출신 교황이 바티칸에 드러낸 또 다른 불신의 표현처럼 보일 수 있었지만, 로마 주교의 관이 마지막으로 베네치아 광장을 가로질러 콜로세움을 지나 도시를 통과하던 그날 토요일의 모습은 잊지 못할 순간이 되었다. 길에는 약 15만 명이 줄지어 서서 박수로 환송했다. 이런 장면은 백여 년 넘게 로마에서 볼 수가 없었다. '베르골료의 민중'이 보여 준 신임 투표와 같았다. 그런 다음 산타 마리아 마조레 성당에서 빈자, 난민, 노숙인, 성소수자 대표들이 관을 맞이했는데, 이는 성 베드로 광장에 모인 권력자들의 행렬과는 극명한 대조를 이루었다. 그리고 마지막으로 생중계 없이 소수 인원이 참석해 장례식이 거행되었다. 이탈리아의 한 일간지는 "프란치스코가 다시 호르헤 마리오가 되었다"라고 요약했다.

사제 수천 명이 로마의 태양 아래서 노련한 레 추기경과 함께 공동으로 미사를 집전했다. 그중에는 추기경이 무려 224명이 있었는데, 상당수는 이미 교황 선출권 나이 제한을 넘긴 이들이었다. 로마에 거주하지 않는 이들도 "거룩한 추기경단"의 구성원으로서 일시적으로 주인이 없는 시기에 로마 권력을 떠맡기 위해 전 세계에서 모여들었다. 그들 중 교황이 선종한 지 24시간 후인 화요일까지 로마에 도착한 이들은 바티칸에서 비공개로 첫 회의를 열었다. 향후 일정을 논의하고, 사도좌의 공석 기간을 거쳐 차기 베드로의 후계자 선출 과정을 준비할 총 열두 차례 총회 중 첫 번째 회의였다. 온갖 절차에 따라 비밀 엄수 서약이 이루어졌고, 성 요한 바오로 2세 교황의 콘클라베 규칙 발췌문이 낭독되었다. 하지만 그 이면에는 점점 더 절박한 질문들이 제기되고 있었다. 프란치스코 교황의 후임자가 될 자격이 있는 사람은 누구인가? 지금 보편 교회에는 어떤 교황이 필요할까? 그리고 누가 후보로 거론되는가?

골치 아픈 상황이었다. 다가올 콘클라베의 역학 관계를 예측하기란 특히 어려웠다. 88세의 교황이 언젠가 세상을 떠날 것이라는 예측을 하지 못해서가 아니었다. 문제는 선종한 교황이 재위하는 동안 평소 지목되던 후보뿐 아니라, 자유로운 야생의 현장에서, 즉 가톨릭의 '변방'에 있는 거의 알려지지 않은 사목자에게 붉은색 추기경복을 입히는 일을 즐겼기 때문이다. 어느 교황청 추기경은 내게 "우리는 서로를 알지 못합니다"라고 털어놓았다. 이번에는 무려 71개국의 대표들이 시스티나 성당에 모여 역사상 가장 국제적인 콘클라베가 열릴 것으로 보인다. 이는 '킹메이커'가 큰 역할을 맡게 될 수 있음을 의미했다.

잠재적 킹메이커 중 한 명은 라인하르트 마르크스(71세) 뮌헨 대주교였는데, 그는 투표권이 있는 독일의 세 추기경 중 한 명이었다. 다른 두 명은 라이너 마리아 뵐키와 게르하르트 루트비히 뮐러 추기경이었다. 프란치스코 교황의 장례식이 치러진 지 두 시간 후, 마르크스 추기경은 자니콜로 언덕에 있는 정원에서 수많은 취재진과 인터뷰를 했다. 그는 프란치스코 교황의 선종 소식을 접한 순간부터 "굉장히 정신이 없었다"라고 말했다. "오늘 아침 로마에서 열리는 첫 추기경 회의에 참석하려고 밤에 바로 출발했습니다. 오늘 관 앞에 서니 비로소 슬픔이 크게 밀려왔습니다. 그분이 정말 그리워지겠다는 생각이 들었습니다." 잠시 그의 목소리가 잠겼다. 교황청 추기경협의회와 교황청 재무평의회에서 고인과 긴밀히 협력하며 수많은 논쟁을 벌이기도 했던 마르크스 추기경은 눈물을 흘리지 않으려고 애썼다.

이탈리아 언론이 그를 킹메이커로 지목한 것에 대해 기자가 묻자, 마르크스는 당황스러운 반응을 보였다. "제가 엉뚱한 영화에 출연했나 봅니다. 우리가 왕을 선출하는 게 아니잖아요!" 그러면서도 자신이 바라는 차기 교황의 몇 가지 모습에 대해 들려줬다. 신뢰할 수 있고 소통에 능한 교황이 필요하다고 말했다. 보수적 성향인지, 진보적 성향인지가 중요한 게 아니라, 그 사람의 인물됨이라고 했다. "사람들에게 희망을 줄 수 있는 인물이냐가 관건입니다." 우리가 찾는 이는 "국익을 초월하고 양극화를 넘어선 … 목소리, 온 인류, 우리가 살아가는 지구 전체를 생각하는 목소리"를 지닌 인물이라고 전했다.

의견을 밝힌 이가 마르크스 추기경만은 아니었다. 교황의 '원로원'의 다른 구성원들도 교회가 나아갈 방향과 차기 교황에 대한 논쟁을 공론에 붙이고 싶은 유혹에 굴복했다. 과거 교황청 신앙교리성 장관이었던 뮐러 추기경은 프란치스코의 시대가 "막을 내렸다"라고 말하며, 프란치스코 교황이 때로는 "다소 모호한" 태도를 보였으며, 이제 다시 "완전한 신학적 명료성"이 바티칸에 자리 잡아야 한다고 자기 견해를 내비쳤다. 이와 달리 이탈리아 주교회의 의장 마테오 주피 추기경은 확연히 다른 입장이었다. 선종한 교황에게는 사람들을 "이해하고, 동행하며, 포용하는" 교회가 중요했으며, 이야말로 "우리가 계속 가야 할 길을 제시"해 준다고 강조했다.

그렇다면 모든 징후가 교회의 방향성 논쟁을 가리키는가? 아니다, 그렇지도 않다. 선거권을 가진 추기경 135명 중 133명

콘클라베 시작 전 미사 중 프레보스트 추기경

이 콘클라베에 참여했고, 그중 108명은 프란치스코 교황이 만든 '피조물'(교황이 '임명한', 즉 '만들어 낸' 추기경들)이었기에, 어느 정도 그에게 헌신하고 그의 노선에 충실한 인물들이었다. 이 때문에 베르골료식 개방이 지속될 거라는 예상이 우세했다. "1800년 이래로 어떤 교황도 콘클라베가 있기 전에 이토록 큰 영향을 미친 적이 없었습니다." 독일 교회사학자 외르크 에르네스티는 교황의 장례식과 콘클라베 사이 며칠간을 이렇게 평가하며 질문을 던졌다. "도대체 어떻게 반대가 나올 수 있겠습니까? 요한 바오로 2세나 베네딕도 16세 때 임명되어 아직 남아 있는 몇몇 원로 추기경들이요?" 여하튼 그는 프란치스코를 호의적으로 평가하는 시선 아래 일련의 차기 교황 후보군이 두각을 나타낼 수 있었다며, 어부의 신발을 신을 가능성이 있는 후보는 "확실히 열다섯 명"은 된다고 덧붙였다.

예를 들어, 가난한 이들의 벗으로 알려진 루이스 안토니오 타글레(67세) 추기경이 있다. 그는 필리핀 마닐라 대교구장을 지냈고, 국제 카리타스 회장과 교황청 인류복음화성 장관을 역임했는데, 중국계 혈통에 강한 카리스마를 지닌 인물이다. 그가 존 레넌의 「이매진」을 개사해 부르는 영상이 인터넷에서 돌아다닌다. 마르세유 대교구장인 장마르크 아블린(66세) 추기경의 이름도 자주 거론되었다. 그는 알제리 출신으로 종교 간 대화에 전념

하며 사목적 감각이 뛰어난 인물이다. 부다페스트 대교구장인 페테르 에르되(73세) 추기경도 있다. 그는 학식 면에서 베네딕도 16세를 연상시키는 인물인데, 특히 복고를 희망하는 보수적인 이들이 그에게 희망을 품었다.

그런데 흥미로운 사실은 지난번에 교황을 배출했던 라틴아메리카가 이번에는 그럴듯한 후보를 내놓지 못했다는 것이다. 이 때문에 일부 관찰자들은 의문을 품었다. 혹시 그렇다면? 맞다. 이제는 이름이 나와야 한다. 로버트 프랜시스 프레보스트(69세)로 합의를 볼 수 있을까? 그는 미국인이지만, 오랫동안 페루에서 선교사이자 지역 주교로 활동한 인물이었다. 그렇다, 프레보스트는 여러 후보자 목록 중 간간이 이름을 올리긴 했지만, 상위권은 아니었다. 늘 주목도가 낮은 2군 목록에 있었다. 더 흥미로운 건 이번에 이탈리아 출신 추기경들이 교황 후보군에 많이 거론되었다는 점이다. 앞서 언급한 볼로냐 대교구장인 마테오 주피(69세) 추기경도 그중 한 명인데, 그는 평신도 사도직 단체인 성 에디지오 공동체의 대표적인 인물로 자전거를 즐겨 타고 약간 '히피' 같아서 선종한 교황과 잘 통했다. 또 계속 이름이 거론된 사람은 피에르바티스타 피자발라(60세) 추기경이었다. 그는 프란치스코회 수도자로 예루살렘 라틴 총대주교로서 히브리어에 능통하고 혼란스러운 성지 환경에서 온건한 목소리를 냈다.

교황청 연감에는 아시아 출신 추기경으로 등재되어 있고, 생애 절반 이상을 서아시아에서 보냈지만, 그는 이탈리아인이다.

결국 바티칸 전문가들과 영국 베팅 업체들 모두가 유력 후보로 꼽은 이탈리아 인물은 피에트로 파롤린(70세) 추기경이었다. 그는 프란치스코 교황의 국무원 총리를 지냈다. 베네토 출신의 과묵하고 친절한 외교관으로, 카리스마 넘치는 인물이라기보다는 관료형 인물로 명석하고 뚝심 있으며 신심이 깊다고 평가받았다. 파롤린은 프란치스코 교황에 충실하게 봉사하면서도 보수층의 기대를 받았다. 사목 경험이 부족하다는 약점은 오히려 장점이 될 수도 있었다. 그 때문에 성 학대 은폐 추문에 휘말릴 가능성이 거의 없었다. 전반적으로 그는 최근 몇 년간의 각종 추문과 논란에서 비교적 멀리 떨어져 있었다. 바티칸이 중국 정부와 비밀리에 합의한 내용으로 중국의 한 추기경이 그를 맹렬히 비난했지만, 그의 신중한 성격으로 잘 막아 냈다. 심지어 한때 국무원의 측근이었던 안젤로 베치우 추기경을 둘러싼 재정 문제의 여파도 파롤린의 명성에는 별다른 타격을 주지 못했다.

프란치스코 교황 선종 후 일주일 만에, 추기경들은 베치우 사건과 다시 마주해야 했다. 정말 복잡한 사안이었다. 사르데냐 출신인 그는 혜성처럼 나타나 승진을 거듭해 교황청 시성성의 추기경 장관에까지 올랐다. 하지만 런던 부동산 투자와 관련

문이 닫힌 시스티나 성당의 추기경들

해 비자금과 엄청난 투자 손실 사건에 베치우 추기경이 연루되면서, 2020년에 프란치스코 교황은 자신이 불과 이 년 전에 거룩한 추기경단에 받아들였던 그에게 직에서 사임하라고 명령했고, 추기경으로서의 칭호만 유지하고 그 권리는 박탈했다. 바티칸 법원은 2023년 12월에 베치우에게 징역형을 선고했다. (그는 이에 항소했다.) 이로써 베치우가 교황 선거에 아무런 역할을 하지 못할 것은 명확해 보였다. 그러나 프란치스코 교황이 선종하고 사도좌가 공석이 되자마자 그는 콘클라베에 참석하기 위해 영원한 도시 로마로 향했다. 기자들에게는 자신의 추기경 특권을 박탈한다는 고인의 서면 명령이 없다는 이유를 들었다.

이 사건은 며칠간 이탈리아 언론에 큰 화제를 불러일으켰다. 결국 교황의 장례가 끝나고 프란치스코 교황이 콘클라베에서 그를 제외하도록 명령한 두 건의 문서가 제시된 후에 베치우는 시스티나 성당에 들어갈 권리를 포기했다. 만약 그가 이 권리를 끝내 포기하지 않았다면, 추기경단이 그의 콘클라베 참여 여부를 어떻게 결정했든 간에 차후 선거 결과에 대한 이의 제기가 가능할 것이고, 이는 교회 지도부에게는 악몽 같은 시나리오였을 것이다.

이 힘겨루기에서 승자는 파롤린이었다. 들리는 바에 따르면, 그가 고인이 된 교황이 서명한 문서를 베치우에게 제시했다고 한다. 이로써 그가 교황 선거를 주재하게 되었다. 레 추기경단장과 레오나르도 산드리 부단장 모두 연령 제한을 넘겼기에 서열상 최고위 추기경인 파롤린이 그 일을 맡았다. 이렇게 유리하게 출발선상에 서게 되자 견제가 바로 들어왔다. 언론은 파롤린이 총회 도중 쓰러졌다고 보도하기도 했지만, 바티칸은 이런 주장을 강력히 부인했다.

콘클라베가 시작되기 나흘 전, 일간지 「라 스탐파」는 파롤린이 마흔 표에서 마흔다섯 표를 확보한 것으로 보도했다. 그 뒤를 이어 주피가 스물다섯 표에서 서른 표, 타글레가 스무 표, 그 외 네 명의 추기경이 각각 열 표를 확보했다고 전했다. (여기에 프레보스트 이름은 어디에도 없었다.) 전선이 분산된 상황이었다. 교황 선출을 위해서는 여든아홉 표가 필요했기 때문이다. 익명의 한 추기경은 아직 어느 후보도 뚜렷하게 우세를 보이지 않는다고 밝혔다. "완전히 확신할 만한 사람이 없습니다, 모두가 장단점이 있으니까요." 그는 1차 투표에서 파롤린의 예상 득표에 관해서, 누군가가 마흔다섯 표로 시작하더라도 2차 투표에서 표를 더 얻지 않으면 아무런 의미가 없고, 결국 교착 상태에 빠져서 다른 후보가 대안으로 떠오르게 된다고 말했다. 같은 신문에서 칠레의 페르난도 초말리 가립(68세) 추기경은 "우리에겐 133명의 이름이 있고, 모든 가능성이 열려 있습니다"라고 간결하게 밝혔다. 내부 관계자들은 유럽 후보에만 초점을 맞추는 것은 실수라는 점도 지적했다. 투표권자 중 유럽인의 비율이 처음으로 50퍼센트 아래로(정확히 약 39퍼센트) 떨어졌다는 이유만은 아니다. 루터교에서 개종한 스웨덴 최초의 추기경인 안데르스 아르보렐리우스(75세)는 "우리 대륙은 늙고 지쳤습니다"라고 토로하며, "세계 다른 지역의 교회가 훨씬 더 역동적이고 활기차기에, 차기 교황이 아프리카나 아시아에서 나오는 것이 더 자연스러울지도 모릅니다"라고 했다. 일본의 기쿠치 타르치시오 이사오(66세) 추기경도 비슷한 견해였다. "유럽인이 하나로 뭉친다면 가장 강력해지겠지만, 지금은 그렇게 단결되어 있지 않습니다. 그렇다면 우리 아시아인이 아마도 훨씬 더 단결된 모습으로 나설 수 있을 겁니다."

스페인 일간지 「엘 파이스」는 이번 콘클라베를 기득권 보수파는 확실한 후보가 없는 반면 진보파 후보가 너무 많은 "비정상적인" 콘클라베라고 정의했다. 과거의 교황 선출은 본질적으로 강력한 한 후보를 두고 찬반을 결정하는 일, 즉 2005년에는 라칭거냐 아니냐, 2013년에는 베르골료냐 아니냐였는데, 이번에는 그 공식이 더는 통하지 않고 있으며, 선거인단이 "거울의 방"에서 헤매고 있는 듯하다고 평했다. 이탈리아 추기경 열일곱 명은 서로 의견이 갈렸고('고전주의자'), 추기경 스물일곱 명으로 구성된 교황청파는 프란치스코 교황의 개혁을 되돌리고자 하며, 많은 추기경이 사목자를 원하지만, 십이 년 전 베르골료처럼 "화성인처럼 로마에 착륙할" 사목자는 원하지 않는다는 것이다.

「프랑크푸르터 알게마이네 존타크스차이퉁」은 서로 대립하는 세력을 "개혁파 대 보수파, 유럽 대 아시아, 북미 대 아프리카, 전통적 가톨릭 중심지의 노련한 대주교들 대 보편 교회의 변방에서 온 젊은 주교들"로 나열했다. "세계관의 전선"이 "지리적 진영에 들쑥날쑥" 펼쳐져 있다며, 모순적이면서도 선거의 향방을 결정짓는 요인은 남반구의 추기경들이 오히려 보수적 성향을 보이고, 북미와 유럽의 동료들이 상대적으로 더 개혁을 지향한다는 점이라고 지적한다.

어쨌든 추기경들의 분위기는 형제애로 넘치고 전반적으로 좋은 것은 확실하다고 모든 소식통이 보도했다. 다만 일부 투표권자들이 토론 중 연로한 추기경들이 발언을 주도한다고 한숨을 쉬며 비공개적인 자리에 말할 뿐, 공개적으로 갈등의 조짐이 드러나는 경우는 극히 드물었다. 예를 들어, 93세의 고령으로 레 추기경보다 연장자인 홍콩의 천르쥔 추기경이 비공개회의에서 프란치스코 교황의 시노드 교회의 비전을 철저히 비난했다는 사실 정도만 알려졌을 뿐이다.

2025년 5월 7일 수요일, 조반니 바티스타 레 추기경은 성 베드로 대성전에서 콘클라베 개시 전 마지막으로 봉헌한 대미사를 주례했다. 향이 피어올랐고, 성가대는 시편을 노래했으며, 불꽃처럼 붉은 제의를 입은 추기경들이 성 베드로 사도 무덤 앞에 반원형을 지어 앉아서 엄숙하면서도 다소 불안한 표정으로 사도의 무덤을 응시했다. 그날 오후 투표권을 가진 추기경 133명이 시스티나 성당으로 입장해, 펼쳐진 성경 위에 손을 얹고 비밀엄수 서약을 했다. 그러고는 나무로 된 성당의 양쪽 문이 닫혔다. 드디어 교황 선출이라는 긴장감 넘치는 드라마가 시작되었다. 이제 그들은 오직 자기 자신, 자기 양심과 마주하게 되었다.

7

주목의 대상

새로운 교황직의 첫걸음

40시간도 되지 않아 로버트 프랜시스 프레보스트가 시스티나 성당으로 들어섰다. 하지만 그때는 더 이상 프레보스트 추기경이 아니었다. 그는 새 교황으로 등장했다. 콘클라베는 한참 전에 끝났다. 미켈란젤로의 「최후의 심판」 아래에서 거행되는 미사는 교황 선거의 마지막 단계와도 같았다. 그는 며칠 전에는 동료였던 추기경들과 미사 거행을 준비했다. 교황 선거는 기록적인 시간 안에 순조롭게 끝났다. 그렇게 빨리 결과가 나올 것이라고 누가 예상했겠는가! 2025년 5월 9일 아침이었다. 전날 오후 프레보스트 추기경은 성 베드로 광장에 모인 사람들에게 자신을 레오 14세라고 소개했다. 그리고 오늘, 새로운 교황의 첫 미사에서 그는 관례대로 자신의 일정을 간략하게 설명하고자 했다.

향이 피어오르고, 성가대는 시편을 노래했다. 레오 교황은

시스티나 성당에서 추기경단과 첫 미사를 거행하는 레오 14세

장엄 미사 제의를 입고 오른손에 금박을 입힌 목장牧杖을 들고 있었지만, 프란치스코 교황처럼 검은색 구두를 신고 있었다. 빨간 구두가 아니었다. 이것도 사실 일종의 의도된 연출임이 분명했다. 신임 교황은 전통의 벗들과 개혁가들에게 동시에 신호를 보내려 한 것이다. 다시 말해, 한편으로는 "화려하고 콧대 높은 교회"와 다른 한편으로는 "가난한 교회"를 외치며 과격하게 몰아붙이는 개혁가들 사이의 대립을 제3의 어떤 것을 통해 극복해 보려는 것이다. 프레보스트, 아니 레오 교황은 이제 자신이 늘 주목을 받고 있고, 아주 사소한 것조차 자신이 이끌고자 하는 교회의 방향을 나타내는 것으로 해석된다는 것을 알고 있었다. 그는 자신의 천성에 따라서 분명히 여러 요소를 섞으려고 했다. 베르골료 조금, 라칭거 한 스푼 그리고 요한 바오로 한 꼬집으로 말이다. 직전의 전임 교황과는 달리 레오 14세는 전례적으로 신중하게 미사를 거행했다. 노래까지 불렀다. 아르헨티나 교황 시절에는 없던 일이다. 하지만 그가 시스티나 성당에서 첫 강론을 라틴어로 하지 않았다는 사실은 다시 전통에서 벗어난다. 이는 그가 프란치스코를 따른다는 것을 의미한다.

　라틴어가 아니었다. 아니, 신임 교황은 심지어 영어로 몇 마디를 했는데, 이런 자리에서는 전례가 없던 일이다. "나의 형제 추기경 여러분, 오늘 아침 이 거룩한 미사에서 주님께서 하신 놀라운 일들을 깨닫기를 바랍니다. … 여러분은 저를 이 십자가를 지고, 이 소명을 받으라고 부르셨습니다. 그리고 저는 여러분 한 분 한 분이 저와 함께 걸어가 주실 것을 믿습니다." 확신으로 들렸던 이 말은 사실 호소였다. 그러고 나서 교황은 이탈리아어로 준비한 강론이 적힌 종이로 눈길을 돌렸다. 그는 성 베드로가 예수님을 그리스도라고 고백하는 이야기를 읽었다. "선생님은 살아 계신 하느님의 아들 그리스도이십니다"(마태 16,16). 베드로 시대부터 교회가 전해 온 내용이 "농축된 형태로" 요약된 문장이다. "예수님은 살아 계신 하느님의 아들 그리스도, 곧 유일한 구원자이십니다. 그분은 아버지의 얼굴을 드러내십니다. … 특별한 방식으로 하느님께서는 여러분의 선택을 통해 초대 사도의 뒤를 잇도록 부르시어 이 보화를 제게 맡기셨습니다." 이 말은 전날 발코니에서 "평화"를 주제로 이야기한 것처럼, 그리스도교의 본질에서, 교회의 근원에서 출발하는 것이었다.

그러나 다음 장면은 이례적이었다. 레오 교황은 마치 영화 필름을 되감듯 베드로가 신앙을 고백하던 장면으로 거슬러 올라가 '사람들이 사람의 아들을 누구라고 합니까?'라는 예수의 질문(마태 16,13 참조)에 주목했다. 예수의 이 질문은 '사소하지 않다'. 이 질문은 오늘날에도 여전히 큰 울림을 자아낸다고 레오 교황은 말했다. '세상'은 이 질문에 예수는 약간 "특이하고 눈에 띠는 인물"이라고 대답한다. "그래서 예수가 요구하는 정직과 엄격한 도덕적 기준 때문에 그의 존재가 성가시게 되면 '세상'은 망설임 없이 그를 배척하고 제거할 것입니다." 반면, 평범한 사람들은 예수를 옳은 말을 하고 용감한 사람으로 여긴다. "그렇기 때문에 그들은 큰 위험이나 불편함이 없는 한에서 그분을 따릅니다." 갑자기 비관적인 어조가 들려왔다. 첫 공식 강론에서, 그것도 근본적인 교리에 관해 말하면서 이는 매우 드문 일이다. 아니면 현실주의라고 해야 할까? 어쨌든 이 미국인 교황은 오늘날 세계의 그리스도교 신앙을 분석하면서 모호하게 표현하지 않고, 호소하는 방식으로 회피하려 하지도 않았다.

"이 두 가지 태도에서 주목할 점은 오늘날에도 여전히 그렇다는 것입니다"라고 교황은 이어 갔다. "이 두 태도는 본질적으로는 같은 생각을 담고 있습니다. 다른 말로 표현될지는 몰라도 우리 시대의 많은 남성과 여성의 입에서 쉽게 오르내리는 말입니다. 오늘날에도 그리스도교 신앙은 허무맹랑한 것으로, 약하고 어리석은 사람들을 위한 것이라고 여겨지곤 합니다. 기술, 돈, 성공, 권력, 쾌락과 같은 더 확실한 것이 선호됩니다. 이러한 환경에서는 복음을 증언하고 선포하기란 쉽지 않습니다. 신자들은 조롱과 반대, 멸시를 당하거나 기껏해야 관용과 동정을 받습니다." 하지만 교황은 바로 이런 이유로 이러한 환경이 "선교가 절실히 필요한 곳"이라고 말합니다. 믿음의 결여는 극단적인 부작용을 초래하곤 합니다. "삶의 의미 상실, 자비를 망각함, 인간의 존엄성에 대한 끔찍한 침해, 가족의 위기와 우리 사회를 무던히도 괴롭히는 수많은 상처가 발생합니다."

여기까지도 조마조마했다. 하지만 레오 교황은 조금 더 밀어붙였다. "세상", "믿지 않는 사람" 또 오늘날 쾌락주의 사회만 예수를 "단순히 카리스마 넘치는 지도자나 초인"으로 보는 것이 아니라 "세례받은 사람"들도 예수를 그렇게 여긴다고 말했다. 참으로 가치 없는 이 표현은 성 아우구스티노의 일부 마니교적인 세계관을 떠올리게 할 정도다. (마니교는 선과 악, 빛의 세계와 어둠의 세계를 극단적으로 구분했던 고대의 한 종파다.) 전임 교황 프란치스코가 선포했고, 레오 교황도 불과 24시간이 지나기도 전에 성 베드로 대성전 발코니에서 "항상 열려 있고, 이 광장처럼 모두를 기꺼이 받아들이는" 믿는 이들의 공동체를 꿈꿨을 때 언급한 "만인을 위한 교회"와 결이 사뭇 다르게 들린다. 하지만 레오 교황은 자신의 분석에 단호했다. 그 아래의 숨은 의미는, 세상과 그리스도교를 미화해선 안 되며, 있는 그대로의 상황에서 출발해야 하며, 그럼에도 선교적 복음 선포의 에너지를 찾아내야 한다는 것이다.

"이것이 우리에게 맡겨진 세상입니다. 프란치스코 교황이 우리에게 자주 가르쳐 주셨듯이, 이 세상에서 우리는 구원자 예수님을 향한 우리의 기쁜 신앙을 증거하도록 부름받았습니다." 혼란스러워하지 않아도 된다. 이러한 세상이기 때문에 레오 교황에게는 자기 신앙의 토대를 먼저 확인하는 것이 그렇게 중요했던 것이다. "'당신은 살아 계신 하느님의 아들 그리스도이십니다'라고 끊임없이 거듭해서 고백해야 합니다. 이 고백은 무엇보다 그분과의 개인적인 관계에서 매우 중요하며, 매일 회심의 여정을 나아가고자 노력하는 데 필수적입니다." 그는 새로 선출된 로마 주교로서 자기 자신에게 먼저 이 말을 하는 것이다.

그리고 또 다른 무게감 있는 발언이 있다. 교회에서 지도자 위치에 있는 사람들은 "그리스도가 남아 계실 수 있도록 비켜서고, 그분이 알려지고 영광받으실 수 있도록 자신을 낮추어야 합니다". 이는 2020년 미사에서 성직자주의를 비판하며 "굴욕 없이는 겸손도 없다"라고 말한 프란치스코 교황을 다시 한번 떠올리게 한다.

레오 교황의 다소 과격한 강론은 교황직의 시작을 뜻밖에도 무거운 어조로 열어젖혔다. 그러나 이 강론이 발코니 장면 이후 첫 등장은 아니었다. 선거가 끝난 날인 목요일 저녁, 새 교황은 몇 주 동안 머물렀던 베드로 광장 옆 신앙교리부가 있는 산투피치오 궁에 불쑥 나타나 건물 안뜰에서 이웃들과 대화를 나누었다. 대화 장면이 담긴 사진들이 온라인에 곧장 올라왔다. 미켈라라는 이름의 소녀가 새 교황에게 성경에 사인을 해 달라고 청하자, 그는 주춤했다. "새 사인을 좀 더 연습해야 해요. 예전 사인은 이제 소용이 없네요." 미켈라는 새 교황의 역사적인 첫 사인이 담긴 성경을 갖게 된 것 같다. 이웃들과의 유쾌한 만남과 가차 없는 첫 강론을 나란히 놓고 보면 상반된 이미지가 떠오른다. 레오 교황에게는 분명 이 두 가지 모습이 다 있다. 이웃들과는 격의 없이 대화를 나누고, 주교들에게는 강력하게 경고하는 것이다.

5월 9일, 그는 첫 결정을 내렸다. 관례에 따라 교황청 장관들은 추후 공지가 있을 때까지 직위가 그대로 유지되고, 성 베드로 광장에서 거행될 즉위 미사는 5월 18일로 예정되었다. 신임 교황은 즉위 미사까지 전임 교황들보다 시간을 넉넉하게 두었다. 아마 두 아메리카 대륙에서 올 사람들에게 비행 편을 예매할 시간을 주기 위해서일 것이다.

교황 선출 다음 날 시스티나 성당에서 거행된 미사를 제외하고, 프레보스트의 모습은 보이지 않았고 그에 관한 소식도 들리지 않았다. 그러나 언론은 이 예상하지 못한 상황을 세상이 상상할 수 있도록 새 교황의 동지들을 찾아내고 인터뷰를 하느라 분주했다. 또 이 시간 동안 어떻게 콘클라베가 그렇게 빨리, 또 그렇게 놀라운 결정을 내릴 수 있었는지에 관해서도 언론은 추측과 억측을 쏟아냈다. 그러나 추측과 억측을 구분하기란 불가능했다. 당연히 어떤 추기경도 저 닫힌 문 안에서 어떤 일이 일어났는지 공개적으로 밝혀서 스스로 파문당하는 선택을 하지 않을 것이기 때문이다. 그래서 모든 이야기는 '전하는 바에 따르면…'이라는 모호한 영역에 머물렀다.

사람들은 무슨 말을 했을까? 전하는 바에 따르면, 유력 후보였던 파롤린 추기경이 첫 투표에서 예상보다 훨씬 저조한 성적을 거뒀다. 반면 프레보스트는 첫 투표에서 이미 2위를 차지했다. 이른바 킹메이커들이 콘클라베 전에 그를 위해 움직였기 때문이다. 킹메이커로 뮌헨의 라인하르트 마르크스의 이름이 다시 사람들의 입에 오르내리고 있었다. 그는 독일의 '시노드 여정'을 둘러싼 논쟁에서 프레보스트에게 좋은 인상을 받았고, 미국인이 재무에 밝으며, 시카고 출신이 교황이 되면 미국에서 로마로 오는 기부금이 어느 정도 늘어날 것이라고 기대했다고 한다. 바티칸의 재정을 관리하는 책임자 중 한 명인 추기경의 눈에는 중요한 지점이었다. 콘클라베의 뒷이야기 가운데 또 다른 킹메이커들도 '전하는 바에 따르면…'에서 언급되었다. 특히 뉴욕 출신의 보수적 성향의 티머시 돌런과 몰타 출신의 개혁가 마리오 그레크가 있었다. 어쨌든 5월 8일 두 번째 투표에서 이미 프레보스트는 파롤린을 앞질렀고, 세 번째 투표에서 이미 3분의 2

득표에 근접했다고 한다. 여러 진영에서 그가 설득력 있게 받아들여졌기 때문이다. 이는 전부 추측이다. 그럼에도 흥미롭다. 무엇보다 이러한 무수한 추측은 교황직이 추기경들의 광범위한 합의에 의해 지지받고 있음을 시사한다. 이는 새 교황의 운신 폭을 넓혀 준다.

그러나 교황은 이 운신의 폭을 시험해 보지 않고 신중을 기한다. 이는 5월 10일 토요일, 추기경단과 다시 만난 자리에서 분명하게 드러난다. 그는 사도궁에 있는 프레스코화로 화려하게 장식된 클레멘스 홀 대신 좀 더 사무적인 공간, 즉 의회 회의실을 연상시키는 시노드 홀을 만남의 장소로 선택했다. 그 이유는 곧 분명해졌다. 교황은 "많은 분이 요청하신 것처럼"이라고 말하면서, 다시 한번 추기경들과 상의하고 싶었던 것이다. 콘클라베 이전에 같은 장소에서 열린 총회처럼 이 토의는 비공개로 진행되었다. 교황은 이 토의에 관해 더 이상 공개적으로 언급하지 않았지만, "콘클라베 전에 어느 정도 토의되었던 권고들, 의견들, 제안들, 아주 구체적인 것들을 듣기 위해서"라고 했다.

붉은색 모자를 쓴 이들과 교황의 이 토의는 레오 14세가 전임 교황들보다 협의와 협력을 더 중요하게 여길 것임을 암시한다고 해석될 수 있다. 그는 최고 결정권자처럼 "짐이 곧 교회다"(L'Église, c'est moi)라고 외치는 대신, 추기경들이 추가로 요청한

2025년 5월 10일, 시노드 홀에서 추기경단과 만난 자리에서 기본 방향을 제시했다.

협의에 응했다. 그의 공동체적 성향이 여기에서 드러난다. 비공개 토의가 시작되기 전 공개된 회의 개회 연설에서 레오 교황은 "교황의 가장 가까운 협력자들"이라 칭하며 추기경단에 인사한다. "여러분은 제가 분명히 제 능력을 훨씬 넘는 무거운 이 짐을 받아들이는 데 큰 힘이 됩니다. 여러분이 있다는 사실은 맡기신 이 사명의 책임을 짊어지고 가는 데 주님께서 저를 홀로 두지 않으신다는 것을 상기시켜 줍니다."

 (이날 교황은 전날 발코니에서 걸었던 금 십자가 대신 프란치스코 교황의 것과 비슷한 은 십자가를 걸고 있었다.) 전날의 다소 어두운 분석에 대해서 교황은 더 이상 언급하지 않았다. 대신 교황은 프란치스코 교황의 선종부터 콘클라베까지의 시간이 "파스카의 빛으로 감싸이길" 바랐다. 또한 그는 돌아가신 교황의 방식을 온전히 따라 겸손의 모습을 보여 주었다. "교황은 성 베드로에게서 시작하여 그의 온당하지 못한 후계자인 저에게 이르기까지, 하느님과 형제자매들의 미천한 종일 뿐, 그 이상 아무것도 아닙니다. (종일 뿐임을) 저의 수많은 선임 교황이 보여 주었고 마지막으로 프란치스코 교황께서 잘 보여 주셨습니다. 그분은 봉사에 있어서 완전한 헌신으로, 생활의 검소함으로 … 이러한 모습을 잘 보여 주었습니다." 그는 그 길을 따라가려 한다. 이는 "보편 교회가 제2차 바티칸공의회의 발자취를 따라 지

난 수십 년간 걸어온 길"이라고 말했다. 공의회를 따른다는 것은 상당히 의미 있는 발언이다. 앞서 미국과 관련하여 언급한 교회 내의 "유동적 분열"은 공의회에 기반한 전례 개혁과 아울러 현대 세계에 대한 공의회의 개방적 입장을 모든 가톨릭 신자가 기꺼이 받아들이는 것은 아니라는 사실과 관계가 있기 때문이다.

눈에 띄는 점은 레오 교황이, 이전에 시스티나 성당에서 추기경들과 만났을 때와 마찬가지로 가톨릭 내부의 경계를 벗어나는 말을 거의 하지 않았다는 것이다. 그러나 그가 교황의 이름을 선택한 이유를 설명하는 순간에 상황은 달라졌다. 그는 이 이름을 결정한 여러 이유 가운데 '핵심'을 이렇게 말한다. "레오 13세 교황께서는 역사적인 회칙 「새로운 사태」를 통해 거대한 그 첫 산업혁명이란 상황에서 사회적 문제를 다루셨습니다. 오늘날에도 교회는 또 다른 산업혁명과 인공지능의 발전이 제기하는 도전 앞에서 인간 존엄성과 정의와 노동을 수호하기 위해 그분의 사회교리의 유산을 제시하고 있습니다." 인간 존엄성과 사회정의라는 주제에 관해서는 더 깊게 언급하지 않았다. 가난한 라틴아메리카 교구의 주교였던 사람으로서는 참으로 놀라운 침묵이었다. 그는 프란치스코 교황이 했던 것("그러한 경제는 사람을 죽입니다!")처럼 모든 사람을 착취하는 세계 경제 체제에 맞서 전면적인 비판에 나설 때는 아직 아니라고 생각했던 것 같다.

산타 마리아 마조레 성당 내 프란치스코 교황의 무덤을 방문한 레오 14세

교황으로서의 첫 행보이자 첫 외출이 있었다. 토요일 저녁 레오 14세는 예고 없이 처음으로 바티칸을 떠났다. (프란치스코 교황이 평소에 타고 다니던 차보다는 다소 크고 세련된) 검은색 폴크스바겐을 타고 로마 외곽의 제나차노로 향했다. 그곳에는 아우구스티노회가 관리하는 순례 성당이 있는데, 그곳에는 중세의 동정 마리아 성화인 「착한 의견의 성모」가 모셔져 있다. 레오 13세는 '로레토의 성모호칭기도'에 '착한 의견의 성모'를 추가해 성모님에 대한 공경을 장려했고, 프레보스트의 고향 교구도 성모님께 봉헌되었다. 2001년에 아우구스티노회 총장으로 선출된 직후 이 성화 앞에서 기도한 적이 있다. 교황으로서의 첫 외출도 이곳을 향했다. 짧게 기도하고, 성모송을 바치고는 성당 앞에 모인 지역 주민들에게 친근한 인사를 건넨 뒤 로마로 돌아왔다. 로마 중심지에 있는 또 다른 성모 마리아 성당인 산타 마리아 마조레 대성당에 들르지 않을 수 없었다. 이곳에서 그는 십사일 전 소성당 사이 벽감에 안장된 전임 교황 프란치스코의 무덤에 흰 장미 한 송이를 바쳤다.

섬세한 행보였다. 프란치스코 교황은 리지외의 데레사, 곧 '소화 데레사'와 깊은 유대감을 느꼈다. 데레사 성인은 동료 수녀들에게 '천국에 가면 지상에 장미 비를 내리겠다'고 약속했다고 전해진다. 레오 교황은 장미를 바치며 선종하신 교황에게 경의를 표한 것만은 아니다. 상징과 암시로 이루어진 교회의 좌표계 안에서 어떻게 움직여야 하는지 안다는 것도 보여 준 것이다. 상징적인 요소에서 '권위'를 얻는 그러한 직위에서, 이는 결코 사소한 자질이 아니다.

주일의 시작 또한 상징적이었다. 교황은 예고 없이 성 베드로 대성전 지하 묘소에서 몇 사람과 함께 소규모 미사를 집전했다. 위에는 미켈란젤로의 돔이 있는 엄청난 무게의 높은 대성당이 있고, 아래에는 햇빛이 전혀 들어오지 않고 비교적 낮은 아치형 천장의 지하실 같은 공간이 있다. 여기에는 베네딕도 16세, 요한 바오로 1세와 바오로 6세를 비롯한 수많은 교황이 모셔져 있다. 전승에 따르면 이곳은 성 베드로가 65년경에 네로의 원형 경기장에서 순교한 뒤 안장된 무덤 아주 가까운 곳이다. 1940년 이래로 진행된 성당 아래 발굴 작업으로 실제로 수많은 이교도와 초대교회 신자의 무덤이 포함된 고대 공동묘지가 발굴되었다. 수많은 그리스도인 무덤이 밀집해 있었는데 이 중 하나는 한때 갈릴래아에서 예수와 함께 여러 마을을 다니며 복음을 전했던 사도이자 공식적인 교황 계보의 첫 줄에 이름을 올린 이의 마지막 안식처일 가능성이 매우 크다.

베드로 사도의 266번째 후계자는 아우구스티노회 총장과 사제 몇 명과 함께 미사를 집전하며, 영어와 이탈리아어로 즉흥적으로 강론했다. 그는 특히 서구 사회의 교회 지도자들을 잠 못 이루게 하는 현상인 성소의 부재를 꼬집었다. 그것은 시스티나 성당에서 보여 준 처절한 현실 인식의 연장선상이었을까? 꼭 그렇지만은 않았다. 레오 교황의 어조가 달랐기 때문이다. 더 낙관적이었다. 그는 성소 위기에 무언가를 할 수 있다고 덧붙였다. "우선 우리 삶에서 좋은 본을 보여 주는 것, 복음의 기쁨을 살아가는 것, 다른 사람을 낙심시키지 않고 오히려 젊은이들이 주님의 목소리를 듣고 따르며 교회에서 봉사하도록 격려하는 방법을 찾는 것이 중요합니다." 그리고 한층 더 강한 어조로, 말하자면 요한 바오로 2세처럼 말하기 시작했다. 폴란드 교황의 강론에는 느낌표가 촘촘하게 박혀 있었다. 레오 14세는, 가장 중요한 것은 "온 세상에 복음을 전하는 것"이라고 외쳤다. "'용기를 내십시오! 두려워하지 마십시오!' 복음에서 예수님은 자주 말씀하십니다. '두려워하지 마십시오.'" 이 말은 1978년의 유명한 장면을 떠올리게 한다. 당시 요한 바오로 2세는 성 베드로 광장에서 열린 즉위 미사에서 "두려워하지 마십시오!"라고 외쳤다. 냉전 시대의 한가운데서 이 외침은 당시 세계를 갈라놓았던 철의 장막 안팎에 있는 사람들의 이목을 끌었다.

    강론은 여기서 끝날 수 있었다. 그러나 그는 그렇게 하지 않았다. 레오 14세는 다시 영적인 어조로 돌아왔다. 그는 "경청하는 것이 중요"하다고 말했다. "우선 주님의 말씀에 귀 기울여야 하고, 또 이웃의 말에 귀 기울여야 합니다." "다리를 놓는 법을 배우며, 판단하지 않고 듣는 법을 배우는 것이 중요합니다. 우리가 모든 진리를 알고 있고 다른 누구도 우리에게 말할 수 없다고 생각하면서 우리가 문을 닫아서는 안 됩니다."

시노드의 교황 프란치스코도 이와 같은 말을 했을 것이다. 그러나 이는 분명 새 교황의 핵심적 특징인 듯하다. 그의 사려 깊은 성품과 아우구스티노 영성에 잘 맞는 표현이었다.

8

교황은 결국 가톨릭 신자

윤곽이 드러나다

2025년은 희년이다. 2024년 12월 24일, 프란치스코 교황은 휠체어를 타고 성 베드로 대성전의 청동으로 된 성문(Porta Sancta)을 열고 들어가면서 희년의 시작을 알렸다. 그 이후 순례자들이 '천사의 성'의 비오 9세 광장에서부터 '화해의 길'을 따라 성 베드로 광장으로 온 뒤, 열린 성문을 통해 대성당으로 끊임없이 밀려들었다. "희망의 순례자들"이라는 주제로 맞이하는 이번 희년에 맞춰 로마시는 (유럽연합의 자금을 일부 지원받아) 낡은 기반 시설을 다소나마 정비했다. 교황의 선종과 장례식, 콘클라베와 새 교황의 선출로 인한 소란스러움은 순례자들의 경건한 행렬에 별 영향을 주지 않았다.

교황 선출 후 첫 주일인 5월 11일은 우연히도 '음악단을 위한 희년'의 날이었다. 일 년 내내 로마 곳곳에서 개최되는 특정 단체나 주제를 위한 '특별 희년' 행사 중 하나다. 그리하여 주일 오전, 수십 개의 악단과 합주단이 트롬본과 요란한 악기 소리를 내며 도시를 가로질러 성 베드로 광장으로 행진했다. 제복을 입은 사람이 많이 보이고, 바이에른의 관악대와 멕시코의 마리아치 악단도 눈에 띄었다. 바티칸으로 가는 길은 더 붐비고, 온갖 소음으로 귀청이 터질 것 같았다. 하지만 동시에 이 음악은 교황의 첫 주일 삼종기도에 특별히 활기찬 축제 분위기를 더해 주었다. 성 베드로 광장에서 열리는 음악회! 만 삼천 명가량의 음악가들이 회랑에 몰려들 것이라고 했지만, 음악가가 아닌 사람들이 훨씬 더 많아서 그야말로 발 디딜 틈이 없었다. 나는 조금 늦게 출발했는데 다행히 광장까지 들어갔다.

낮 12시 정각 성 베드로 대성전 중앙 발코니의 붉은색 커튼이 걷히고 레오 교황이 등장했다. 그의 걸음걸이는 느긋하고 격식이 없어 보였다. 그를 미국인이라고 드러내는 것이 있다면 바로 이 걸음걸이였다. 하얀 수단에 가슴에는 은 십자가, 교황의 평상복이었다. 그는 늘 그래 왔던 것처럼 손을 흔들었고, 그의 움직임에는 전혀 불안함이 없었다. 새 직무에 어떻게 그렇게 빨리 적응했는지 놀라웠다. 큰 박수갈채와 "레오! 레오!"를 외치는 소리가 그를 맞이했다. 교황은 착한 목자 주일, 곧 성소 주일을 맞아 본문을 능숙하게 읽어 나갔는데, 마치 본인이 쓴 글이 아닌 듯 들렸다. 그는 아래 광장에 있는 민속음악 연주자들에게 인사하며, 잊지 않고 전임 교황에 관해서도 친근하게 언급했다. 단 한 군데 원고에서 벗어났다. "젊은이들에게 말합니다. 두려워하지 마십시오! 교회와 주 그리스도의 초대를 받아들이십시오!" 요한 바오로 2세가 교황직의 모토로 삼았던 "두려워하지 마라"가 다시 등장했다. 레오는 이 말을 효과적으로 사용하는 법을 알고 있었다. 어떤 의미에서는 이날 아침 베드로 대성전 지하 묘소에서 소수의 사람에게 한 강론에서 이미 한 번 연습했다고 할 수 있겠다.

부활 삼종 기도 「하늘의 모후님, 기뻐하소서」를 선창하는 교황의 목소리는 확신에 차 있다. 그리고 제2차 세계대전 종전 팔십 주년, 우크라이나 전쟁, 가자 지구, 어머니의 날 등에 관한 국무원에서 준비해 주었을 짧은 권고와 최근 사건들에 관해 언급했다. 새 교황 특유의 화술이 다시 한번 눈에 띈다. 그는 "더 이상 전쟁은 안 됩니다!"라고 호소했다. 바오로 6세(1963~1978) 교황이 국제연합에서 한 유명한 호소를 되풀이했을 때 그는 박수갈채를 기다렸다. 전임 교황들처럼 이 교황도 인권을 위해 목소리를 내고자 한다. 그는 준비된 원고를 가능한 한 존중하고 거의 벗어나지 않는 사람이었다. 이는 자기 절제를 말해 준다. 끝으로 그는 모든 사람에게 "주일 즐겁게 보내세요"라고 인사했다. 전임 교황처럼 "점심 맛있게 드세요"라고 하지 않고 말이다.

성 베드로 광장에서 사무실로 돌아가는 길(바티칸 기자들은 안타깝게도 주일에 자주 일한다)에 브라스밴드가 다시 연주를 시작하는 동안 나는 이 깜짝 등장한 교황에 관해 생각했다. 그는 프란치스코 교황이나 그 이전 요한 바오로 2세와 비교하면 개인적인 카리스마보다 제도, 즉 교황청이라는 기관에 의존하는 것이 분명하다. 그러나 그에게는 카리스마가 있고, 대중과 접촉할 때 의식적으로 이를 활용하는 방법을 알고 있다. 그의 역할 전환 능력은 놀랍다. 그는 1980년대의 안경을 쓴 무표정한 관리자 같은 '교황'에서 정치적 또는 사회적 지도자의 능력을 활용하는 기술까지, 경계를 넘나든다.

카멜레온 레오? 그가 '경청'의 중요성을 그토록 의미심장하게 강조한 것은 역으로 자신의 견해를 알리지 않으려는 의미일 수도 있겠다. 수십 년 동안 페루에서 쌓아 온 유산인 강한 사회적 신념을 레오라는 이름을 선택함으로써 어느 정도 표명했지만, 적어도 지금까지는 그 누구에게도 강요하지 않았다. 그가 베드로의 메시아 고백과 연결하는 "모든 이를 위한 교회" 서사는 표면적으로 교회 내 모든 흐름을 만족시키는 듯하다. 모호함과 모순 그리고 혼란에서 자유롭지 못했던 프란치스코 교황의 재임 기간 이후 많은 사람이 이제 안정과 이른바 교리의 명확성으로 복귀하기를 요구하고 있다는 사실을 흘려들을 수 없다. 독일의 대주교 게르크 겐스바인이 특히 요즘 이런 행보를 보인다. 베네딕도 16세의 비서였고 한동안 후임 교황에게 냉대를 받다가 2024년에 리투아니아의 빌뉴스에 교황대사로 임명된 인물이다. 그는 이제 "자의恣意의 시대"는 끝났고, "광범위한 안도감"을 느낀다고 했다. 또한 오늘날 교회에는 "두터운 긴장감"이 감돌고 있으며, "세상에는 끔찍한 갈등"이 존재하는 이때에 "교리의 명확성"과 "안정성"이 다시 요구된다고 말했다. "이 시대의 혼란은 반드시 극복되어야 한다." 그는 교황의 이름과 복장의 선택을 통해 "연속성은 없고 완전히 새로운 국면이 펼쳐질 것"임을 보여 줬다고 말했다. 정말 그럴까? 아니면 이 교황이 자기 속내를 전혀 드러내지 않는 것일까?

    레오 교황은 프란치스코 교황의 전례 없는 교황직 이후 일종의 정상 상태로의 복귀를 위해 애쓰고 있는 것은 분명하다. 하지만 우리는 베네딕도 16세의 시대로 돌아가지도 않았다. 지금은 겐스바인이 말한 것처럼 완전히 "새로운 국면"이다. 무언가 새로운 것이 떠오르고 있다. 그리고 이 새로움이 어떻게 점진적으로 펼쳐지는지 우리는 차분히 지켜볼 것이다. 스위스 출신의 그리스도인일치촉진부 장관 쿠르트 코흐 추기경은 새 교황이 탄생한 봄날의 한 인터뷰에서 레오 교황의 화합과 일치를 향한 갈망을 오해하지 말라고 조언한다. 경청한다고 해서 입장이 없는 것은 아니다. "그에게는 분명한 입장이 있습니다. 그러나 강요하지 않습니다. 그는 합의를 원합니다." 추기경은 특히 교황 선출에 관한 독일의 반응을 염두에 두면서, 지금 당장 빠른 변화에 대한 지나친 기대를 품어서는 안 된다고 말한다. 레오 교황을 자기들의 의제에 맞추어 "끌어들이려" 해서는 결코 안 된다고 덧붙인다. 시간이 지나면 "교황은 결국 가톨릭 신자"라는 사실이 분명해질 것이다.

날이 갈수록 북미 교황청의 윤곽이 분명하게 드러나고 있다. 레오 교황이 기존 교황의 소셜 미디어 계정을 계속 활용하기로 한 것은 단순히 '관례대로 업무를 한다'는 것을 의미하지 않는다. 사회 관계망 서비스 엑스의 소유주인 일론 머스크가 워싱턴에서 트럼프 팀에 합류했고, 정부 기관에 대한 대대적인 예산 삭감을 강행하면서, 이에 항의해 많은 이용자가 엑스를 떠났다. 바티칸도 수개월 동안 이에 관해서 비밀리에 검토해 왔다. 레오는 교황의 엑스 계정을 유지하기로 했다. 이는 아홉 개의 교황청 계정(@Pontifex)과 프란치스코 교황 계정(@Franciscus)이 확보한 메시지 전달력(코로나19 시기인 2020년에만 조회 수 270억 회)을 고려했기 때문만은 아닐 것이다. 오히려 힘든 상황 속에서 복음의 메시지가 침묵하도록 두지 않겠다는 의도가 여기서 분명히 드러난다. 그는 시스티나 성당에서 추기경들에게 이렇게 말했다. "이것이 우리에게 맡겨진 세상입니다. … 이 세상에서 우리는 구원자 예수님을 향한 우리의 기쁜 신앙을 증거하도록 부름받았습니다." 세상은 원래 그런 곳이고, 당연히 그렇다. 우리는 이 세상에 위축되지 않을 것이다.

엑스가 아니라 전통적인 방식으로 새 교황은 취임 후 며칠 만에 로마의 유다교 공동체에 대화와 협력을 약속하는 서한을 보냈다. 이것 또한 전임자들이 선출된 후에 해 왔던 일을 단순히 이어 가는 것으로 보일 수 있다. 그러나 2023년 가을, 가자 지구에서 전쟁이 발발한 이후, 유다교와 이스라엘 국가 그리고 (원래도 쉽지 않았던) 바티칸 간의 관계가 심각하게 경색되고 있었다. 프란치스코 교황과 국무원 총리 파롤린 추기경이, 이스라엘 남부에서 하마스 테러리스트들이 자행한 유다인 대량 학살을 뒤늦게 미온적으로 규탄한 반면, 이스라엘이 가자 지구에 저지른 일은 과도하고 심지어 집단 학살에 가깝다고 표현했다는 비난이 예루살렘에서 제기되고 있었다. 프란치스코 교황의 선종 후 며칠이 지나서야 이스라엘의 베냐민 네타냐후의 총리실이 애도의 뜻을 표했다. 로마의 수석 라삐 리카르도 디 세니는 안식일임에도 프란치스코 교황의 장례식에 참석했다. 프레보스트의 교황 선출 소식이 전해지자 새 교황의 즉위 미사에도 참석할 것이라고 발표했다. 어떤 움직임이 다시 일어나고 있다.

물론 지금 상황에서 레오 14세가 성지로 곧장 향할 수 있을 거라고 생각하는 것은 터무니없다. 그곳 상황이 조금이라도 안정되어야 한다. 가자 지구에 폭탄이 떨어지는 가운데 미국인 교황이 평화를 기원하는 기도문을 통곡의 벽 틈 사이에 끼워 넣는 모습을 상상할 수는 없다. 반면 다른 사목 방문 계획은 예고되어 있다. "여러분은 곧 페루에서 저에 관한 소식을 듣게 될 겁니다." 레오 교황은 선출 후 첫 기자 회견에서 자신의 두 번째 고향 출신 기자에게 이렇게 말했다. 미국, 페루, 바티칸 세 나라의 여권을 가진 교황이 곧 라틴아메리카로, 그리고 나서 워싱턴으로 갈 거라는 상상은 충분히 가능하다. 발코니에서 첫인사를 할 때, 스페인어로 몇 마디를 했지만 영어로는 말하지 않았다는 사실은 그가 우선순위를 어디에 두는지 분명히 알려 준다. 라틴아메리카에서 정의로운 세계 질서를 호소하는 사회적 교황 레오! 프란치스코 교황은 2015년에 미국을 방문하기에 앞서 쿠바에서 나흘을 보낸 바 있다. 백악관에서도 이를 분명한 신호로 받아들였다.

레오 교황의 첫 사목 방문지는 튀르키예가 될 가능성이 크다. 바오로 6세 교황 이래로 신임 교황이 교회 일치 차원에서 이스탄불에 있는 콘스탄티노플 세계 총대주교를 방문하는 것이 관례가 되었기 때문만은 아니다. 앞서 언급했듯이, 2025년은 제1차 니케아공의회가 열린 지 천칠백 주년이 되는 해이며, 어떤 의미에서는 가장 보편적인 그리스도교 신앙고백(니케아 신경)의 탄생을 기념하는 해기도 하다. 레오 교황이 우크라이나 키이우를 방문할 계획이 있는지는 아직 확실하지 않다. 볼로디미르 젤렌스키 우크라이나 대통령이 교황 선출 며칠 후 전화를 걸어 방문을 요청했지만, 레오 교황이 어떻게 답했는지는 알려진 바가 없다. 프란치스코 교황은 키이우에서 모스크바로 갈 수 있다면 방문하겠다는 실현 가능성 없는 조건을 제시하면서 우크라이나의 요청에 대한 답을 미뤘다. 그 배경에는 키이우만 방문할 경우 한쪽 편만 든다는 인상을 줄 수 있고, 전쟁 중인 양측 사이에서 바티칸의 중재 가능성이 막힐 수 있다는 판단이 있었다. 그러나 레오 교황은 다르게 볼 수도 있다. 2022년, 세상의 주목받지 않던 페루 치클라요의 주교로 있을 때 한 인터뷰에서 러시아의 이웃 나라 공격을 "명백한 제국주의적 침공"이라고 규정하고 우크라이나의 자위권을 지지한다는 견해를 밝혔다고 전해진다. 젤렌스키 대통령은 "교황의 방문은 모든 신자와 우리 국민에게 진정한 희망을 줄 것"이라고 거듭 강조했다.

　에드가르 이반 리마이쿠나 잉가 신부는 용감한 우크라이나인의 염원을 수첩에 이미 적어 두었을지도 모르겠다. 레오 14세의 개인 비서인 서른여섯 살의 이 젊은 사제는 치클라요 출신으로 교황청 주교부에서부터 레오와 함께 일했다. 그는 신임 교황을 거의 이십 년 동안 알고 지냈다. 레오 교황이 그를 개인 비서로 곁에 두기로 한 것은 바티칸 안팎에서 이목을 끌고 있다. 프란치스코 교황은 달랐다. 프란치스코 교황은 자신의 일정을 직접 관리하고 싶어 했고 비서진을 자주 교체했다.

하지만 북미 교황이 전임 교황의 유산을 어떻게 이어 갈지를 가늠할 진정한 시금석은, 적어도 언론의 관점에서 보면, 전혀 다른 것이다. 레오 교황이 어디서 살 것인가에 관한 질문이다. 프란치스코 교황처럼 산타 마르타의 집에서 살 것인가? 아니면 현대의 다른 교황들처럼 사도궁에서 살 것인가? 이 질문은 너무 자주 제기되고 온갖 가능성이 난무하다 보니, 이 질문에 교회의 미래가 걸려 있는 것처럼 보일 정도다. 교회가 계속 가까이 있을 것인가, 아니면 상투적 표현대로 다시 상아탑으로 돌아갈 것인가!

프레보스트, 즉 레오 교황은 거처에 관한 질문에 처음에는 답하지 않았다. 그는 다만 선출 후 맞이하는 주일에 프란치스코 교황 선종 후 봉인되었던 사도궁 교황 아파트의 인장을 해제할 것을 허가했다. 이곳은 사실상 십이 년 동안 사용되지 않았다. 레오 교황은 추기경으로 최근 몇 주 동안 머물렀던 신앙교리부 궁에 있는 자신의 아파트에 당분간 머물고 있다. 그러나 그는 교황청 사도궁의 옛 방들에 필요한 보수 공사가 끝날 때까지 기다렸다가 산타 마르타가 아닌 사도궁으로 입주할 것으로 보인다. 이

2025년 5월 11일, 레오 14세가 사도궁에 있는 교황 아파트에 처음 들어서다.

것이 물론 교황직이 앞으로 세상과 동떨어져 고립으로 되돌아갈 거라는 신호는 아니다. 오히려 그의 관점에서 보면, 교황들의 일반적인 관례를 존중하면서 자신도 이를 따르고 거기에서 벗어나지 않으려 한다는 신호일 수 있다. 같은 맥락에서 레오 교황은 프란치스코 교황처럼 자신 있게 새로운 이름의 계보를 시작하는 대신 앞서 다른 이들이 취한 교황 명을 선택했다. 레오 교황은 자신의 행동이 전임 교황과의 차별화로 이해되길 원하지 않을 것이다. 치클라요의 전임 주교 역시 사람들과 계속 이어지는 것을 중요하게 여기고 있다.

무엇보다도 그는 아우구스티노회에 계속해서 의지하고자 할 것이고 자신의 공동체를 찾을 것이다. 이는 5월 13일에 그가 예전에 일하고 거주했던 곳인 파올로 6세가에 위치한 수도회 총원을 방문했을 때 명확해진다. 그는 동료 형제들과 미사를 집전하고 점심 식사를 함께했다. "평소와 다름없었어요." 형제들이 나중에 말했다. "아주 친근했죠. 그분은 교황 선거를 앞두고 느꼈던 감정에 관해서도 조금 이야기했어요." 하지만 형제들은 그가 정확히 무슨 말을 했는지 언론에 함부로 공개하고 싶어 하지 않았다. 그가 동료들에게 사적으로 속마음을 털어놓았을 것이다. 다만, 떠나면서 "안타깝게도 매일 올 수 없네요"라고 말했다고 전해진다. 이것은 그가 이제 포기해야 하는 것이다. 바티칸에서부터 아우구스티노 수도원까지 그 짧은 몇 미터를 레오 교황은 자동차로 이동해야 한다. 관광객을 포함한 수많은 사람이 스마트폰을 꺼내 들고 몰려들 것이기 때문이다.

5월 18일 성 베드로 광장에서 열리는 교황 즉위 미사가 준비되는 동안 레오 14세는 일련의 알현을 시작한다. (즉위 미사에는 미국의 밴스 부통령과 독일의 메르츠 총리 등이 참석하고, 영국의 찰스 왕은 직접 참석하지 못한다는 양해 서한을 보냈다.) 5월 12일에는 언론 종사자들, 5월 14일에는 동방교회들의 희년 행사 참석자들을 만났다. 두 차례 모두 바티칸의 일반 알현장인 바오로 6세 홀은 사람들로 가득 찼고 열기가 대단했다. (취재 대상과 거리를 두어야 한다는 직업윤리가 무색할 정도로 기자들의 반응도 뜨거웠다.) 두 알현에서 새 교황은 평화를 주제로 연설했다. 이 주제가 그의 교황직에 토대를 이룰 것으로 보인다.

(예전에는 그냥 '기자'라고 불렀을) 언론인들 앞에서, 레오 교황은 복음 말씀 "복되어라, 평화를 이룩하는 사람들!"(마태 5,9)을 인용했다. 예수님이 당시 산 위에서 정말로 언론인들을 염두에 두고 말씀하셨다는 듯이, "이 말씀은 우리 모두에게 도전이 되고 여러분과 긴밀히 관계됩니다"라고 선언했다. 곧바로 레오 교황은 자신이 중요하게 생각하는 것이 무엇인지 명확하게 밝혔다. 평화를 이룬다는 것은 "무슨 수를 써서라도 동조를 얻어

내려 하지 않고, 공격적인 언어로 치장하지 않으며, 경쟁 원리를 따르지 않는 다른 형태의 소통"이라고 했다. 또 평화는 "우리 각자에게서 시작"되고 "다른 이들을 바라보며 그들에게 귀 기울이고 그들에 관해 말하는 방식에서 움터 나오는 것입니다"라고 덧붙였다. "우리는 언어와 이미지의 전쟁에 '아니오'라고 말해야 하고, 전쟁의 패러다임을 거부해야 합니다." 그에게는 소통에서도 평화가 가장 중요한 원칙이 되어야 한다는 것이 분명하다.

그는 언론과 표현의 자유, 인공지능과 가짜 뉴스에 관해서도 언급했다. 그는 투옥된 언론인들의 석방을 촉구하며, 시스티나 성당에서 추기경들과 집전한 미사에서와 같은 어조로 복잡한 시대가 제기하는 도전에 "피하지 말고 맞서며, 안일함에 굴복해서는 안 된다"라고 경고했다. 레오 교황은 그가 늘 사랑하고 존경하는 성인 아우구스티노의 인상적인 명언을 준비했다. "우리가 잘 살면 시대도 좋아질 것입니다. 우리가 곧 시대입니다"(Bene vivamus, et bona sunt tempora. Nos sumus tempora). 그러나 무엇보다 전쟁과 평화에 관해 언급한 멋진 구절이 깊게 남는다. "말을 무장해제하여 지구를 무장해제하는 데 이바지합시다." 이는 그가 성 베드로 대성전 발코니에서 했던 첫 연설에서 "무장하지 않은 평화, 무장해제시키는 평화"라고 한 말과 직결된다.

이틀 후 동방교회 신자들과 만난 자리에서도 이와 같은 맥

2025년 5월 12일, "복되어라, 언론인들이여!"

락이 이어졌다. 교황은 손님들의 영성과 전례를 높이 평가한 뒤, "이스라엘 성지, 우크라이나, 레바논, 시리아, 중동, 티그라이와 캅카스"에서 벌어지고 있는 폭력을 개탄했다. 그는 베드로 대성전 발코니에서 했던 호소를 반복했다. "평화가 여러분과 함께!" 그리고 그리스도의 평화는 전쟁 후의 "무덤 같은 침묵"이 아니며, "화해와 용서, 새로운 장을 열고 다시 시작할 용기"를 의미한다고 강조했다. "이 평화가 퍼져 나가도록 저는 모든 힘을 쏟겠습니다. … 온 민족이 평화를 원합니다. 저는 진심으로 각국 지도자들에게 말씀드립니다. 만납시다, 대화합시다, 협상합시다! … 역사에 남을 것은 평화를 만드는 자이지 고통을 뿌린 자가 아닙니다." 전쟁과 갈등의 중재자 역할을 할 준비가 되어 있다는 용기 있는 제안은 레오 13세와 14세를 연결한다. 레오 13세는 스페인과 프로이센 사이의 캐롤라인 제도諸島 분쟁을 성공적으로 중재한 바 있다.

알현 이후 교황은 몇 사람과 악수하고 묵주를 선물로 나눠 준 후 단호한 걸음으로 중앙 통로를 통해 지체 없이 알현장을 떠났다. 좌우로 몇 번 축복하고, 이쪽저쪽으로 고개를 끄덕였지만 잠시도 멈춰 서지 않았다. 그는 할 일이 많은 것처럼 보인다.

실제로도 그렇다!

9

산적한 과제

새 교황을 기다리고 있는 것

"치즈 종류가 246종이나 되는 나라를 어떻게 통치할 수 있겠습니까?" 전 프랑스 대통령 샤를 드골(1890~1970)이 한숨을 내쉬며 토로한 말이다. 오늘날에도 같은 의미로 이렇게 물을 수 있겠다. 로마에 있는 교황이 전 세계에 흩어져 있으면서 다양한 문화에 영향을 받은 14억 신자들로 구성된 세계 교회를 어떻게 하나로 결속시킬 수 있을까? 형용사 '가톨릭'은 '보편적인'을 의미하며, 실제로 신경에서 표현된 것처럼 "하나이고 거룩하고 보편되며 사도로부터 이어 오는 교회"에는 존재하지 않는 것이 없다. 맨해튼의 펀드매니저부터 마닐라 빈민가의 굶주린 이까지 포함한다. 가톨릭 신자 14억 명은 14억 개의 얼굴, 감정, 믿음 또는 의심의 형태가 있다. 하나의 보편적인 베드로 사도직이 이들 모두를 대표할 수 있을까? 그들 모두에게 다다를 수나 있을까?

교황의 이 임무는 불가능에 가깝다. 일치의 원리는 모든 것이 뭉뚱그려져 있는 상태 그대로 있을 때만 작동한다. 구속력이 요구되면 곧바로 이탈하려는 힘이 생기고, 결국 분열의 위기가 닥친다. 호르헤 베르골료는 이를 잘 알고 있었고, 어쩌면 바로 이 이유로 교황으로 재임하는 열두 해 동안 모호성의 대가로서의 모습을 보였는지도 모르겠다. "다양성을 통한 일치", 이를 아르헨티나 교황은 가톨릭교회 내에서 지도 원칙으로 세우려고 시도했다. 이 표현은 루터교 신학자 오스카 쿨만(1902~1999)이 그의 교회 일치 비전을 집약해 놓은 말이다. 그러나 이런 일이 항상 잘 풀리는 것은 아니다. 2023년 12월에 바티칸이 로마의 관점에서 '규범에 맞지 않는' 것, 예를 들어 동성 파트너의 축복을 승인했을 때, 일치와 다양성의 조화는 한계에 부닥쳤다는 것이 분명하게 드러났다. 바티칸의 축복 허가는 수많은 제약과 조건이 따랐음에도 불구하고, 아프리카 대륙의 거의 모든 지역 가톨릭교회는 로마를 따르기를 단칼에 거부했고 이를 공개적으로 밝혔다. 반면에 다른 가톨릭 신자들, 예를 들어 독일 지역 가톨릭 신자들은 이 완화 조치가 충분하지 않다고 여겼다. 곳곳에서 파열음이 났다. 아무튼 시대가 이렇기 때문이기도 하다. 양극화와 분열의 시대! 그래서 다시 한번 묻는다. '이러한 상황에서 교황은 어떻게 교회를 하나 되게 할 것인가?'

이것이 아마도 새 교황이 직면한 가장 중요한 도전일 것이다. 그는 분열을 막기 위해 인간이 할 수 있는 모든 일을 해야 하며, 적어도 눈에 보이고 느낄 수 있는 일치를 만들어 내야 한다. 다양성, 지역적 특성, 예외적인 조처의 여지를 남겨 두는 일치다. 그럼에도 그것은 진정한 통합이다. 이를 위해 의식儀式과 제스처가 도움이 된다. 성탄과 부활처럼 한 해의 특정한 시점에 성대하게 주어지는 교황의 강복인 '우르비 엣 오르비' 같은 것이다. 이러한 의식에서 지속성과 연속성이 드러나며, 불안하고 여러 문제로 고통받고 있는 현대인들은 마음의 안정과 영적 휴식을 얻을 수 있다. 그러나 이것만으로 충분하지 않다. 프란치스코 교황이 해결하지 못한 과제가 많이 남아 있다. 레오 교황은 이 기반 위에서 계속 쌓아 올려야 하고, 이는 구체적인 결정 없이는 진척되지 않을 것이다.

가장 어려운 문제는 아마 성 학대 추문일 것이다. 이 문제는 요한 바오로 2세 재임 시기(1978~2005)에 불거졌고, 베네딕도 16세 교황(2005~2013)을 거쳐 프란치스코 교황 시대(2013~2025)에도 계속되었다. 어린아이들을 노린 사제, 수녀를 강간한 성직자, 범죄를 은폐하고 사제복을 입은 범죄자를 이 본당에서 저 본당으로 옮겨 준 주교, 이러한 끔찍한 사건들은 가톨릭교회의 신뢰성을 전 세계적으로 크게 실추시켰다. 성적 학대뿐 아니라 영적 학대도 있다. 이러한 학대는 예전에도 있었고 지금도 여러 형태로 일어나고 있다. 수많은 사례는 사제로서 갖추어야 할 모습이나 그 권력을 어떻게 통제할 것인가 등과 같은 가톨릭의 본질적인 요소들에 관해 불편한 질문을 제기한다. 독일에서는 개혁 과정인 '시노드 여정'에서 다양한 학대 문제가 다루어지고 있다.

베네딕도 16세와 프란치스코, 두 전임 교황이 이 문제를 인식하지 못했다거나 관망했다고 비난할 수는 없다. 특히 교회법에서 이 문제와 관련한 특정 조항을 명확하게 하고 강화했다. 그러나 다른 한편으로 이러한 학대 문제가 언젠가 교회의 신성한 전당에서 사라질 수 있다는 믿음은 환상일 뿐이다. "교회는 항상 개혁되어야 한다"(Ecclesia semper reformanda). 끊임없이 새로워져야 하는 교회는 연자매를 계속 달아매고 있을 것이다(마태 18,6 참조). 아프리카와 아시아의 교구들도 앞으로 이 문제를 인식하고 학대를 예방하고 침묵의 문화에 맞서는 방안을 마련하기 위해 각고의 노력을 기울여야 한다. 유럽에서도 상황이 아직 제각각이다. 어떤 교구에서는 학대 생존자에게 사과하거나 보상금을 지급하고, 어떤 지역의 주교들은 아직도 자신의 교구에서 그러한 학대가 일어났다는 것을 인정하지 않는다. 일어나서는 안 되는 일은 일어날 수 없기 때문이다.

레오 교황은 단순히 교회법적 규제뿐 아니라 교회 내 문화적 변화를 이끌어 내기 위해 노력해야 할 것이다. 그는 2023년, 한 인터뷰에서 "물론 문화마다 그러한 상황에서 어떻게 반응하는지 큰 차이가 있습니다"라고 말했다. "어떤 나라에서는 이러한 주제에 관해 말하는 것이 금기시되는 분위기가 조금씩 깨지기 시작했지만, 어떤 나라에서는 생존자나 그 가족이 그들이 겪은 고통스러운 학대에 관해 입 밖으로 꺼내기조차 꺼리는 경우가 있습니다." 어떤 경우에도 침묵은 해결책이 아니다. "우리는 투명하고 솔직해야 합니다. 피해자들과 함께하고 그들을 도와야 합니다. 그렇게 하지 않으면 그들의 상처는 절대로 치유되지 않을 것입니다. 이는 우리 모두가 져야 할 큰 책임입니다."

이미 오래전부터 사람들이 대거 교회를 떠나고 있는데, 교회에 대한 신뢰도 급락은 이러한 흐름의 일부에 지나지 않는다. 이러한 흐름은 서유럽의 많은 사회에서부터 캐나다를 거쳐 일본에까지 나타난다. 성당의 신자석은 비어 가고, 사제나 수도자 성소는 갈수록 줄어들고 있다. 2022년 한 해에만 독일에서 신자 50만 명이 가톨릭교회에서 등을 돌렸고, 2024년에는 독일 전체에서 단 스물아홉 명만이 사제품을 받았다. 세속화 현상은 복잡하고 다면적이긴 하지만, 국민의 삶이 교회와 밀접한 '국민교회'라는 모델이 돌이킬 수 없을 정도로 붕괴했다는 점은 분명하다. 물론 용기를 주는 신호와 그 반대의 신호가 담긴 보고서들도 있다. 예를 들어, 2025년에 프랑스 교회에서 성인 세례자 수가 증가했다는 보고에 많은 이가 놀랐지만, 전반적인 세례자 수 감소를 만회하기에는 역부족이다. 새 교황의 고향인 미국의 가톨릭 상황도 자세히 살펴보면 예외는 아니다. 유럽보다 더 활기차고 사회적으로 더 두드러지긴 하지만, 미국의 가톨릭 신자 수가 어느 정도 안정적으로 유지되는 것은 무엇보다 라틴계 이민자들 덕분이다. 심지어 '신의 나라'라고 불리는 미국에서도 어떤 종교에도 속하지 않는다는 사람이 전체 인구의 30퍼센트에 이른다. 이는 서유럽과 비슷하다.

　이렇게 말하기는 조심스럽지만, 최초의 라틴아메리카 출신 교황 프란치스코는 서구 사회에서 일어나고 있는 교회와 신앙의 위기를 짚어 낼 감각이 부족했다. 적어도 그는 전임자 베네딕도와는 달리 이 문제에 특별히 신경을 쓰지 않았다. 한때 부유하고 주도적이었던 서구의 교구들이 이제 전 세계 교회 공동체에서 이념적으로나 지리적으로 변방으로 밀려났다는 사실을 보여주는 상징이 바로 프란치스코 교황 자신이었다. 1910년에는 전체 가톨릭 신자 수의 3분의 2가 유럽에 살았지만, 오늘날에는 가톨릭 신자의 거의 40퍼센트가 라틴아메리카에 살고 있다. 레오 교황은 가톨릭의 옛 세계와 새 세계 둘 다를 알고 있다. 그의 선출이 서구 교회의 신앙생활에 다시 새로운 활력을 불어넣을 수 있을지 기대해 볼 만하다. 덧붙여 말하자면, 비서구권 교회도 상황이 늘 좋은 것은 아니다. 전임 교황과 마찬가지로 신임 교황도 직접 경험해 잘 알고 있듯이, 라틴아메리카에서는 가톨릭에서 개신교의 여러 교파로 옮겨 가는 사람이 늘어나고 있다. 거기에서 공동체 의식과 소속감을 더 크게 느끼기 때문이다.

레오 교황이 해결해야 할 또 다른 과제로 이어 가 보자. 평신도에게 더 큰 책임을 맡기는 것, 좀 더 구체적으로는 교회 내 여성의 역할이다. 이 분야에서는 프란치스코 교황 시대에 상당한 변화가 일어났으며, 특히 바티칸에서 두드러졌다. 역사상 처음으로 수녀가 교황청 최고위직, 즉 장관으로 임명되었고, 교황이 선종할 당시에는 교황청 전체 직원 중 여성 비율이 25퍼센트에 달했다. 게다가 2024년 가을 세계주교시노드에서 50명이 넘는 여성이 완전한 투표권을 행사하게 된 것은 혁명적인 변화로 여겨졌다. 이는 교회 지도권을 성품성사와 연결해 온 전통적 고리를 약화시킨 것이었다. 프레보스트 추기경이 즉위하기 직전, 프란치스코 교황은 여성 세 명을 주교부의 위원으로 임명했고, 이 미국인 추기경은 여성들과 매우 긴밀히 협력하며 그들의 귀중한 공헌을 공개적으로 높이 평가했다. 하지만 교회 내 많은 여성에게 이런 변화로는 충분하지 않다. 그들은 여성의 서품을 요구하고 있다.

이 깃발 아래로 페미니스트들만 모이는 건 아니다. 수십 년 동안 병상에 누워 있는 이들에게 성체를 전달해 온 여성들, 교리교사나 공동체 생활에서 중추적 역할을 해 온 여성들은 교회 당국이 충분히 인정해 주지 않고 미온적으로 시간만 끄는 데에 실망감을 느끼고 있다. 프란치스코 교황 재임 시절 여성에게 최소한 부제 서품이라도 허용할지에 관한 논의가 있었지만, 구체적인 결론에 이르지 못했다. 교황청 문화평의회 의장을 지냈고 추기경단에서 뛰어난 지성으로 손꼽히는 잔프랑코 라바시 추기경은 2017년에 가톨릭교회에서 여성의 부제 서품 가능성을 숨기지 않았다. 물론 교회 내에서 여성이 느끼는 불쾌함을 단순히 직무와 서품 문제로만 국한할 수는 없다. 그러나 세례받은 모든 이가 동등한 존엄성을 지니며, 직무는 그리 중요하지 않다고 단언하는 것으로 이 문제를 회피할 수는 없다.

레오 교황은 몇 년 전에 여성에 대한 성직 임명 가능성에 매우 회의적인 입장을 표명하면서 '여성의 성직화'에 관해 경고했다. 프레보스트의 말을 그대로 옮기면, "여성이 사제품을 받는다고 반드시 문제가 해결되는 것은 아니며, 오히려 새로운 문제를 일으킬 수 있다고 덧붙여야겠습니다". 진정으로 필요한 것은 "지도력, 권력, 권위 그리고 봉사에 관한 다른 이해입니다. 특히 봉사가 중요합니다".

교회 내 평신도, 특히 여성의 역할 강화 요구 이면에는 매우 근본적인 질문이 숨어 있다. 그리스도교의 환대 문화는 지금 전반적으로 어떤 모습인가? 신자들 사이에서 프란치스코 교황이 생전 거듭 강조한 것처럼, 정말로 "모두, 모두, 모두"(todos, todos, todos) 기꺼이 받아들여지고 환대받는가, 아니면 기준에 미치지 못하는 사람들을 존중하기보다 그저 받아 주는 정도일까? 물론 이러한 요구는 주로 도덕적인 것을 의미한다. 이는 재혼한 이혼자와 동성애자를 가리킨다. 프란치스코 교황은 재임 기간 중 사목적 측면에 중점을 두었고, 교황은 2013년에 동성애에 관해 "내가 누구이기에 판단하겠습니까?"라고 선언했다. 그러나 동시에 자신은 교회의 충실한 아들이며 전통적인 성 윤리를 고수한다는 점도 강조했다. 가톨릭교회는 성소수자들의 존엄성을 진정으로 존중하고 있는지에 관한 질문에 여성 문제와 마찬가지로 지금까지 명확한 답을 내놓지 못했다.

이 지점에서 흔히 제기되는 반론이 있다. '이러한 문제는 비서구권 국가들은 전혀 생각하지도 않는 사치스러운 문제다.' '남반구의 신자들은 전혀 다른 걱정을 한다. 얼마 안 되는 페소로 하루를 어떻게 버틸 것인가, 또는 이슬람교나 힌두교 환경에서 겪고 있는 차별이 더 큰 문제다.' 이 말은 맞기도 하고 틀리기도 하다. 특히 여성 문제는 아마존이나 아프리카의 빅토리아 호수 지역처럼 가난한 교구의 사람들을 자극하고 있다. 그리고 서로에게서 배우려는 노력에 초점을 맞춰야 하는 지역 교회들을 대립시키는 것은 온당하지 않다는 사실을 차치하고라도, 사치스러운 문제라는 주장은 결국 그러한 주장을 펼치는 이들에게 되돌아올 수 있다. 결국 이른바 '옛 미사', 즉 전통 라틴 미사 논쟁도 이러한 관점에서 보면 '사치스러운 문제'일 수 있기 때문이다.

가톨릭 내부에서 일반적으로 지나치게 피상적으로 보수 또는 진보라고 표현되는 이 분열을 깨뜨리기 위해 무엇을 할 수 있을까? 부에노스아이레스의 교황은 다음과 같은 답을 주었다. 양측은 서로를 대화의 장으로 이끌어야 한다. 그들은 서로를 진심으로 존중하면서 경청하고, 서로의 말을 가로막지 않는다. 기도 속에서 서로의 말을 숙고해야 한다. 이것이 바로 프란치스코 교황이 자신의 교회에 숙제로 내준 '시노달리타스'라는 마법의 단어가 의미하는 바다. 바티칸에서 열린 두 차례 총회에서, 특히 2024년 가을에 다양한 배경의 가톨릭 신자들이 사이좋게 원탁에 모여 앉아 서로에게 귀 기울였다. 독일의 교의학 교수는 베트남의 쌀 농사꾼이 토로하는 불만에 귀 기울여야 했고, 아프리카의 추기경은 스칸디나비아 출신 사목 신학자가 자기 고향 본당에서 주일마다 제단에 올라 강론을 한다고 당연하다는 듯 말했을 때 눈썹 하나 까딱할 수 없었다. 이제 교황이 된 프레보스트 추기경도 이 가운데 하나의 원탁에 앉아 참을성 있게 경청했다.

교황이 생각해 낸 방법에는 한계가 있음이 드러났다. 예를 들어, 그가 원했던 것처럼 개혁과 관련된 민감한 주제들을 단순히 회피하는 것은 성공하지 못했다. 그러나 교회 내 다양한 진영 사이에 이전에는 없었던 대화가 실제로 시작되었다. 이와 관련하여 프란치스코 교황은 "치유 과정"이라고 말하면서, 이 과정을 통해 많은 난관에서 벗어날 길을 찾을 수 있을 거라고 했다. "만남은 우리를 변화시키고, 우리가 불가능하다고 여겼던 새로운 길을 제시합니다." 시노드의 이러한 꿈은 계속해서 그 생명력을 이어 가야 하며, 이제 그 임무는 레오 교황에게 맡겨졌다. 추기경 시절에 그는 이렇게 말했다. "이것은 단순히 하나의 과정이 아닙니다. 몇 가지를 바꾸거나, 어떤 결정을 내리기 전에 회의를 더 많이 하는 것도 아닙니다. 훨씬 더 중요한 일입니다." "우리는 권위가 말하면 모든 것이 명확해졌던 경험에서 벗어나야 합니다. 이제 교회 안에서 카리스마와 은총과 직무가 잘 발휘될 수 있는 교회 경험으로 넘어가야 합니다." 그러나 쿠르트 코흐 추기경은 레오 교황이 '시노달리타스'를 독일 교회의 지도부와 같은 방식으로 이해하고 있는지 의문을 제기한다.

새 지도자가 자신의 조직과 협력해야 하는 것은 당연하다. 많은 교황이 로마 교황청과 거리를 두었다. 특히 프란치스코 교황은, 인상적이었던 2014년 성탄 강론에서 바티칸 각 부서 수장에게 "영적 알츠하이머"와 "실존적 정신 분열"에 대해 경고했다. 고위 관료들이 벼락을 맞은 듯 충격을 받았다는 것은 놀랍지 않다. 프란치스코의 장황한 강론은 예수회식 '양심 성찰'로 의도된 것이며, 그가 바티칸을 향한 불신을 표현한 것은 아니라고 보는 것이 맞다. 그러나 실제로 그가 로마와 거리감을 보였기 때문에 2013년 콘클라베에서 추기경들이 그를 선택했으며, 프란치스코는 재위 기간 내내 교황청과 바티칸 시국을 철저히 개혁하는 데 상당한 노력을 기울였다. 그러나 교황청의 움직임은 더뎠고, 교황의 비판에 불쾌함을 느낀 직원도 있을 것이기 때문에 모든 개혁이 성공한 것은 아니다. 일부 개혁은 정체 상태 또는 미완으로 남아 있다. 특히 재정 부분에서 문제가 많다. 수입은 운영 비용을 충당하지 못한다. 2023년, 적자는 8,350만 유로에 달했다. 허술하게 추진된 부동산 사업은 막대한 손실을 초래했다. 일간지 「코리에레 델라 세라」에 따르면, 프란치스코 교황은 바티칸 재정에 약 20억 유로의 적자를 남겼으며, 특히 연기금이 큰 타격을 받았다. 교황령의 새로운 통치자는 이 문제를 해결하기 위해 당장 조치를 취해야 한다. 성과를 내기 위해서는 교황청과 원활한 협력이 필수적이다. 이를 위해서는 사람들의 마음을 상하게 하지 말고 그들의 충성심을 끌어내는 것이 도움이 될 것이다.

교황청에서도 많은 이가 참여하기를 원한다. 추기경들은 자신에게 의견을 구하길 바라고, 고위 성직자들은 교황의 일방통행에 당황하고 싶어 하지 않는다. "예수님은 열두 사도를 모으셨지만, 누구에게도 '너 혼자서 모든 걸 다 해라'라고 말씀하시지 않았습니다." 페르난도 필로니(79세) 추기경은 이렇게 주장하면서, 베드로의 수위권["그대는 베드로(바위)입니다. 나는 이 반석 위에 내 교회를 세울 것입니다"(마태 16,18 참조)]에 관한 로마의 관례적인 해석에 약간 반기를 든다. 과거 시대에는 교황이 추기경단과 함께 자주 전문 회의를 여는 것이 일반적이었지만, 최근 수십 년 동안 교황이 자신의 '장관들'인 바티칸 각 부서의 수장들과 내각 회의를 열지 않았다. 프란치스코 교황은 추기경 평의회를 구성하고, 이 평의회를 통해 여러 대륙을 대표하는 위원들과 정기적으로 만났지만, 이 기구는 교황청과 제도적으로 밀접하게 연결되어 있지 않았다. 그 외의 경우에는 교황이 교황청 각 부서 장관을 정기적으로 개별 알현하는 것이 관례가 되었고, 부서 상호 간의 협의가 논의된 적은 거의 없다. 교황 레오가 자기 조직과 어떤 '공존 방식'(Modus vivendi)을 만들어 나갈지 두고 볼 일이다.

전 세계에서 활동하는 수도회를 이끌었고, 교회 지도자 임명에 관한 일을 하는 일종의 인사부인 교황청 주교부 장관을 지냈던 그는 적어도 두 전임 교황에게는 부족했던 지도력을 갖추고 있다. 덧붙여, 바티칸 내각 회의 외에도 다른 가능성을 생각해 볼 수 있다. 예를 들어, 로마에서 추기경 회의를 정기적으로 소집하는 것이 있다. 전 세계의 주교회의에서 선출된 위원들로 이루어진 교황을 위한 주교 평의회를 구성할 수 있다. 평신도와 여성이 의석과 투표권을 갖는 일종의 시노드 평의회도 있겠다.

새 교황이 직면한 과제들을 살펴보면서 시급한 국제적 현안들을 언급하지 않을 수 없다. 프란치스코 교황의 장례식에 세계 유력 인사들이 모인 것은 교황이 단순히 종교적인 인물이 아니라 세계적인 정치 지도자로 인식되고 있다는 것을 보여 준다. 레오 14세도 원하든 원하지 않든 민감한 국제 무대에 나서야 한다. 고인이 된 프란치스코 교황은 특히 글로벌 사우스의 목소리를 대변하는 인물로 존경받았다. 그의 지론은 모든 인간의 존엄성이었다. "교황의 선종 소식을 듣고 처음 든 생각은 '이제 가난한 사람들은 그들의 가장 큰 대변자를 잃었구나'였습니다." 전 독일 교육부 장관이자 전 교황청 대사인 아네테 샤반이 프란치스코 교황의 장례식 전날 저녁 로마에서 나와 만났을 때 한 말이다. 또 이렇게 덧붙였다. "세계 곳곳의 수많은 징후가 대립을 예고하는 이 시기에 위대한 중재자가 떠났습니다. 매우 특별한 상황입니다. 앞으로 며칠, 몇 주, 몇 달 동안 질문이 계속될 겁니다. '진정한 권위는 어디에 있는가? 보편 교회는 미래에도 가난한 이들과 난민들을 위한 권위, 즉 자비의 전형이 될 수 있을까?'"

아르헨티나 출신 교황에게는 모든 것이 서로 연결되어 있었다. 환경 보호는 사회정의와, 생명 보호는 약자와 난민을 위한 변호와, 묵주 기도는 행동과 연결되었다. 이로써 교회의 사회 교리는 완전히 새로운 방식으로 정치적으로 수용 가능해졌다. 지금까지 가톨릭 우파의 전유물이었던 생명 보호가 갑자기 더 좌파적인 사상과 연결될 수 있게 되었다. 기후 변화 대응을 촉구하는 각국 청소년들의 운동인 '미래를 위한 금요일'(Fridays for Future), 낙태 반대, 최저 임금 인상 운동 이 모두가 교황의 진영에 합류했다. 그러면서 그의 호소가 이전과는 달리 전혀 다른 영역에 있는 사람들에게도 반향을 불러일으켰다. 문제는 교황 레오 14세가 국제 무대에서 자신의 목소리를 내기 위해 전임 교황이 구축한 이례적인 동맹을 활용할 것인가 하는 것이다.

성 베드로 대성전의 새 주인에게 특히 시급한 문제는 공산주의 중국과 합의에 도달하는 것이다. 2050년경에는 중국이 절대적인 수치로 볼 때 세계에서 가톨릭 신자가 가장 많은 나라가 될 것으로 예상되지만, 베이징은 수십 년째 교황청과 공식 외교 관계를 맺지 않고 있다. 프란치스코 교황도 이 상황을 바꾸지 못했다. 그는 중국 정권에 손을 내밀며 기회가 있을 때마다 이 위대한 민족의 지혜를 언급했다. 그러나 2018년 주교 임명에 관한 잠정적 비밀 협정을 제외하면, 중국 내 가톨릭 신자들을 위해 이루어 낸 성과는 없다.

새 교황은 세계 곳곳에서 일어나고 있는 시급한 정치적 현안에 관해 견해를 밝혀야 한다. 러시아와 우크라이나 전쟁 그리고 끝나지 않는 중동 분쟁이 있다. 이 두 가지 문제는 바티칸에게 지뢰밭과 같다. 전자는 가톨릭교회와 정교회 그리스도교들과의 관계, 후자는 유다교와 이슬람교와의 관계도 건드리기 때문이다. 앞 장에서 이미 언급한 바 있지만, 트럼프 시대에 로마와 워싱턴의 관계는 어떻게 될까? 프랑스 일간지 「리베라시옹」의 표현에 따르면, "전 세계 극우가 혐오하는 모든 것을 대표했던 인물" 프란치스코가 임종 몇 시간 전 마지막으로 알현한 사람이 트럼프의 부통령 밴스였다는 사실은 역사의 아이러니다. 콘클라베가 시작되기 직전 트럼프가 소셜 미디어에 인공지능으로 제작한 엄숙한 표정에 이상한 축복의 손동작을 하고 있는 교황이 된 자신의 사진을 올린 것에 미국의 많은 가톨릭 신자가 불쾌함을 느꼈다. 바티칸은 이 사건에 관한 논평을 삼갔지만, 미국의 몇몇 주교들은 당혹감을 감추지 못했다. 종교사학자 알베르토 멜로니는 "황제, 또는 황제가 되기를 열망하는 자들은 언제나 교회에 관심이 많았다"라고 경고한다. 가톨릭교회는 미국 내 외국인 혐오와 민족주의 세력에 이용당하지 않도록 경계해야 한다. 바

그룹 알현이 끝난 후 사람들과 인사를 나누는 교황

로 미국 여권을 가진 교황이라면 특히 조심해야 한다. 그가 워싱턴의 친구라고 각인된다면, 세계의 양심으로서 그의 역할에 걸림돌이 될 것이다.

문제는 레오 14세가 정치적 교황이 될 것인가 아닌가가 아니다. 문제는 오히려 지난 수십 년 동안 점점 더 커져만 가는 정치적 요구에 그가 어느 정도까지 부응할 것인가이다. 제2차 바티칸공의회에서 가톨릭이 현대성에 발맞춘 이후로, 로마 주교는 점점 더 많은 사람에게 가톨릭의 영역을 넘어 세계의 도덕적 양심으로 여겨지고 있다. 이러한 변화의 출발점은, 너무 멀리까지 거슬러 올라가지 않는다면, 요한 23세(1958~1963)가 냉전 시대에 발표한 평화 회칙「지상의 평화」(1963)일 것이다. 이 회칙은 처음으로 가톨릭 세계의 사람들에게만이 아니라 "선의의 모든 사람"에게까지 전한다고 분명하게 밝히고 있다. 그의 후임자들은 이를 토대로 발전시켰다. 바오로 6세(1963~1978)는 교황의 해외 사목 방문의 시대를 열었고, 특히 요한 바오로 2세(1978~2005)는 인권 수호를 자신의 최우선 과제로 두었다. "인간은 교회의 길이다." 폴란드 교황은 자신의 회칙「인간의 구원자」(1979)에서 이렇게 선언했다. 이러한 신념에 따라 그는 이십육 년 넘게 재위하는 동안 공산주의 체제 붕괴에 이바지했다. 백 회가 넘는 해외 사목 방문과 대중매체를 탁월하게 활용하여 베드로 직무를 지구 끝까지 알렸다. 독일 신학자 베네딕도 16세(2005~2013)는 무엇보다도 의무감 때문에 베드로의 멍에를 짊어졌고, 가능하다고 판단되자 그 멍에를 벗어던졌다. 그는 2013년에 근대 이후 처음으로 교황직에서 사임했다. 이어 2013년부터 2025년까지 분명히 정치적인 교황이 최고 지도자의 자리에 있었다. 프란치스코 교황의 배경 덕분에 글로벌 사우스의 대변자로서 설득력 있게 활동할 수 있었다. 앞서 언급했듯이, 새 교황은 자신의 이름을 통해 개인의 존엄성과 사회의 정의로운 조직을 중시하는 가톨릭 사회 교리의 지평 안에 단단히 발 딛고 있음을 드러냈다.

레오 14세는 자신의 교회 안에서뿐만 아니라, 일치, 더 정확하게는 일치와 다양성 사이의 올바른 균형을 지키기 위해 분투해야 한다. 이것이 그 앞에 놓인 엄청난 과제다. 그리스도교 교회 간에, 여러 종교 간에 그리고 거대한 세계 무대에서 일치, 평화, 인간 존엄성, 정의를 위한 목소리가 그 어느 때보다 절실하게 필요하다.

그에게 산적한 과제를 어떤 마음으로 해결해 나갈 것인지 묻는다면, 그는 아마 2023년 프란치스코 교황이 그를 로마로 불러들였을 때 「바티칸 라디오」와 한 인터뷰에서 한 대답을 다시 할 것이다. "저는 여전히 저 자신을 선교사라고 생각합니다. 모든 그리스도인과 마찬가지로, 제 소명은 선교사입니다. 어디에 있든 복음을 선포할 것입니다. 시카고강에서든, 태평양에서든, 테베레강에서든 말입니다."

그리고 같은 인터뷰에서 프레보스트 추기경은 우리에게 화두를 하나 던진다.

"우리는 우리가 신앙을 어떻게 살아야 하는지를 가르치는 데 몰두하곤 합니다. 그러나 우리는 예수 그리스도를 안다는 것이 무엇을 의미하는지, 주님께서 가까이 계심을 증언하는 것이 무엇을 의미하는지 가르치는 것이 우리의 최우선 과제임을 잊을 위험에 처해 있습니다. 가장 중요한 것은 신앙의 아름다움을 전하는 것, 예수님을 아는 것의 아름다움과 기쁨을 전하는 것입니다."

Leo P.P. XIV

| 레오 14세 약력 |

1955년 9월 14일	미국 일리노이주 시카고에서 로버트 프랜시스 프레보스트 출생
1973년	고등학교 졸업
1973년~1977년	펜실베이니아 빌라노바 대학교에서 수학과 철학 전공
1977년 9월 1일	아우구스티노회 입회
1978년~1982년	시카고 가톨릭 신학원에서 신학 공부
1981년 8월 29일	종신 서원
1982년~1985년	교황청립 성 토마스 아퀴나스 대학교에서 교회법 전공
1982년 6월 19일	로마에서 사제 서품
1985년~1986년	페루 피우라주 출루카나스에서 선교 활동
1987년	로마에서 교회법 박사 학위 취득
1987년~1988년	미국 일리노이주 성 아우구스티노 수도회 관구 성소 책임자 겸 선교 책임자
1988년~1999년	페루 트루히요 성 아우구스티노 수도회 공동체 장상 겸 양성 책임자. 트루히요 대교구 교회 법원에서 근무. 트루히요 대교구 신학교에서 교수로 재직. 본당에서도 활동

1999년~2001년	시카고 성 아우구스티노 수도회 관구장
2001년~2013년	성 아우구스티노 수도회 총장으로 로마 체류
2013년~2014년	시카고 관구 양성 책임자 겸 관구장 대리
2014년~2015년	페루 치클라요 교구장 서리
2014년 12월 12일	주교 서품
2015년~2023년	치클라요 교구장 주교
2020년~2021년	페루 카야오 교구장 서리
2023년 1월 30일	교황청 주교부 장관 겸 교황청 라틴아메리카 위원회 위원장으로 임명
2023년 4월 12일	바티칸에서 직무 시작
2023년부터	바티칸 복음화부, 신앙교리부, 동방교회부, 성직자부, 축성생활회와 사도생활단부, 문화교육부, 교회법부, 바티칸 시국 위원회에서 일함
2023년 9월 30일	부제급 추기경으로 서임
2023년과 2024년	세계주교시노드 정기총회 참석
2025년 2월 6일	주교급 추기경으로 승격
2025년 5월 8일	제267대 로마 주교이자 교황으로 선출
2025년 5월 18일	교황 즉위 미사

| 사진 저작권 |

6쪽 © picture alliance / Reuters / Stoyan Nenov
17쪽 © picture alliance / dpa /Marijan Murat
18쪽 © picture alliance / dpa / MAXPPP / Alexandre Marchi
23쪽 © picture alliance / Associated Press / Francesco Sforza
27쪽 © picture alliance / Wolfgang Maria Weber
31쪽 © picture alliance / Wolfgang Maria Weber / R7172
40쪽 © picture alliance / Reuters / Vincent Alban
47쪽 © picture alliance / Reuters / Carlos Osorio
50쪽 위 © picture alliance / Associated Press / Obed Lamy
50쪽 아래 © picture alliance / Reuters / Maria Alejandra Cardona
62쪽 © picture alliance / Reuters / Diego Torres Menchola
71쪽 © picture alliance / Associated Press / Julio Reano
73쪽 © picture alliance / Associated Press / uncredited
78쪽 © Consejo Nacional der Partnerschaft zwischen dem Erzbistum Freiburg und Peru
81쪽 © picture alliance / ROPI / ROPI
87쪽 © picture alliance / Zumapress.com / Evandro Inetti
90쪽 © picture alliance / Associated Press / Riccardo De Luca
97쪽 © picture alliance / Zumapress.com / Giuseppe Ciccia
98쪽 © picture alliance / Reuters / Matias Baglietto
109쪽 © picture alliance / Reuters / Murad Sezer
113쪽 © picture alliance / abaca / ABACA (EV)
120쪽 © picture alliance / abaca / Vandeville Eric / ABACA

129쪽	© picture alliance / Associated Press / uncredited
132쪽	© picture alliance / abaca / ABACA (EV)
147쪽	© picture alliance / abaca / ABACA (EV)
151쪽	© picture alliance / ipa-agency / Salvatore Laporta / KONTROLAB
169쪽	© picture alliance / Zumapress.com / Julia Mineeva
170쪽	© picture alliance / Zumapress.com / Alessia Giuliani
174쪽	© picture-alliance / ipa-agency / Vatican Media / CPP
177쪽	© picture alliance / Stefano Spaziani